詩經的性暗喻與粗口字的來源

周顯

U0931689

目錄

序

這書主題本來是「釋字」：先是講古文的助語詞，絕大多數是粗口字，正如今日也是。這當然也免不了講到現時流行的粗口字的由來。

相比起《尚書》，估計成書於西元前五世紀，《詩經》則成書於西元前十一世紀至前六世紀，稍早於其他古書，只後於甲骨文。就本書的主題而言，參考價值應稍高一線。

《詩經》的成書，是周朝的史官到各地採集民謠，以觀民間的風氣，《漢書・卷三〇・藝文志》說：「故古有采詩之官，王者所以觀風俗，知得失，自考正也。」

因此它多錄民間方言，在「釋字」之時，也就難免多有引用。引用之時，發現了一些人們的錯誤翻譯，因而必須對此作出了重新語譯。甚至，對於和「釋字」主題無關的詩，也忍不住要新譯。最後，居然喧賓奪主，佔了大部分的篇幅。於是，我把「釋字」和「詩經」這兩個不同的主題，合成一書。

且・詩經

1. 且與祖

古時，「且」字和「祖」字是同一字，這已是公論，不必多說。例如甲骨文中的「且甲」、「且乙」、「且丙」，即「祖甲」、「祖乙」、「祖丙」。

郭沫若在《釋祖妣》一文中，指出男性先人的「祖」字和女性先人的「妣」字，即是「牡」和「牝」，也就是男性和女性的生殖器官。

2.《詩經》的且

在四書五經當中，《詩經》的成書很早，最早的部分可追溯至西周初期，大約是西元前十一世紀左右，最晚也晚不過春秋中葉，大約是西元前六世紀左右。

在《詩經》中，不少有用到「且」，且把部分列出來，以作說明。

3. 溱與洧

《鄭風・溱與洧》的原文是：**「溱與洧、方渙渙兮。士與**

女、方秉蕑兮。女曰觀乎。士曰既且。且往觀乎。洧之外、洵訏且樂。維士與女、伊其相謔、贈之以勺藥。

「溱與洧、瀏其清矣。士與女、殷其盈兮。女曰觀乎。士曰既且。且往觀乎。

洧之外、洵訏且樂。維士與女、伊其將謔、贈之以勺藥。」

《百度百科》說這「是描寫鄭國三月上巳節青年男女在溱水和洧水岸邊遊春的詩歌。全詩分二章，每章十二句。此詩詩意明朗，歡快，清新，兩章詞句基本相同，僅換少數幾字，這種迴環往復的疊章式，是民歌特別是「詩三百」這些古老民歌的常見形式，有一種純樸親切的風味。」

根據《百度百科》對「上巳節」的解說：「俗稱『三月三』，是漢民族傳統節日，該節日在漢代以前定為三月上旬的巳日，後來固定在夏曆三月初三。上巳節是古代舉行「祓除畔浴」活動中最重要的節日，人們結伴去水邊沐浴，稱為「祓禊」，此後又增加了祭祀宴飲、曲水流觴、郊外遊春等內容。」

說穿了，「上巳節」就是中國古代的情人節。《百度百科》說：「另有一種觀點認為上巳節起源於先民的生殖崇拜活動。如陶思炎指出，祓禊活動本是男女春日相歡、婦女祈孕的信仰行為，而持蘭草或香薰草藥沐浴，都是喚起欲的作用。水是神秘的感生物質，婦人臨河不僅欲洗去冬日的塵垢，同時也盼觸水感孕而得子。這種與原始的宗教相關的近水祝殖信仰，當是三月上巳日祓禊風俗的真正緣由。」

一直至唐朝，這節日也有流行，因此杜甫的《麗人行》才會寫：**「三月三日天氣新，長安水邊多麗人。態濃意遠淑且真，肌理細膩骨肉勻。繡羅衣裳照暮春，蹙金孔雀銀麒麟。頭上何所有？翠微盍葉垂鬢脣。背後何所見？珠壓腰衱穩稱身。」**

事實上，《鄭風‧溱與洧》的主題也是男女情人的約會。

本詩的流行譯法是：「溱水洧水長又長，河水流淌向遠方。男男女女城外遊，手拿蕑草求吉祥。女說咱們去看看？男說我已去一趟。再去一趟又何妨！洧水對岸好地方，地方熱鬧又寬敞。男女結伴一起逛，相互戲謔喜洋洋，贈朵芍藥毋相忘。

「溱水洧水長又長，河水洋洋真清亮。男男女女城外遊，遊人如織鬧嚷嚷。女說咱們去看看？男說我已去一趟。再去一趟又何妨！洧水對岸好地方，地方熱鬧又寬敞。男女結伴一起逛，相互戲謔喜洋洋，贈朵芍藥表情長。」

這種傳統的譯法，好比是《金瓶梅》的潔本，雖是「潔」了，但卻把原來的文意也丟失了。

「芍藥」是中國古時的愛情之花，因「藥」與「約」同音。漢朝學者鄭玄的《毛詩傳箋》的解說：「其別則送女以勺藥，結恩情也。」

溱水和洧水是鄭國的兩條河，兩河在今日的河南省新密市交流寨村合流。我的看法是，這裏說的「溱與洧」，有文學上男女交合的暗喻。至於「蕑」，也即是「香蘭」，摘起兩朵，「秉」在一起，也代表了交合。

「方」的意思，是「剛剛完結」，意即兩人剛剛交合完畢。「觀」即「歡」，至於「乎」也有「交合」的意思，另文再說。

換言之，女人意圖再次交合，而男人則回答說：「既且」，也即是說：「剛剛才來過一次，還要再來嗎？」

於是，兩人再做了一次愛，所謂的「且樂」，也即是「交合的快活」。完事後，兩人以芍藥定情。

正因如此，《毛詩序》才會說：「《溱洧》，刺亂也。兵革不息，男女相棄，淫風大行，莫之能救焉。」

簡單點說，當時由於戰爭頻仍，少年男子未來性命未卜，因而要盡量把握交合機會，致令社會淫亂，男女常常一夜情。

4. 褰裳

《詩經・鄭風・褰裳》的原文是：**「子惠思我，褰裳涉溱。子不我思，豈無他人？狂童之狂也且！子惠思我，褰裳涉洧。子不我思，豈無他士？狂童之狂也且！」**

流行譯法是：「承你見愛想念我，就提衣襟度溱來。你若不想我，豈無他人愛？傻小子呀真傻態！承你見愛想念我，就提衣襟度洧來。你若不想我，豈無他男愛？癡小子呀真痴呆！」

以上譯法肯定是錯的，皆因「狂童」肯定不是「傻」或「痴呆」，傻瓜呆蛋不會有女人相愛。在這裏，「狂」應解作「自負」。至於「也」，意即「陰戶」，後文會再說。全句的意思，應是：

「如果你真的愛我想我，我將會抽起上衣，讓你像渡過溱水般進入我的身體。你不愛我，我就會找其他人！自負的少年呀，你的陽具想不想進入我的陰戶呢？如果你真的愛我想我，我將會抽起上衣，讓你像渡過洧水般進入我的身體。你不愛我，我就會找另一個青年才俊。自負的少年呀，你的陽具想不想進入我的陰戶呢！」

注意：正如上段說過，溱水和洧水代表了性行為。

5. 出其東門

《出其東門》也是《鄭風》的其中一首：**「出其東門，有女如雲。雖則如雲，匪我思存。縞衣綦巾，聊樂我員。出其闉闍，有女如荼。雖則如荼，匪我思且。縞衣茹藘，聊可與娛。」**

流行譯法是：「走出東門，女孩子結隊如雲。雖則結隊如雲，無一是我意中人。意中人，白衣青巾，悅目賞心。走出外廓，女孩子結隊如茅花。雖則茅花芸芸，無一是我心上人。心上人，白衣紅巾，相處歡欣。」

「闉闍」即是「城門上的平臺」，而非「外廓」，相信到過古城旅遊的人，都會走上城臺參觀。形容女人像「雲」和像「荼」，也即是「小白花」，都是指其數量很多。「縞衣」指的是「絲質的衣服」，意即打扮得花枝招展。「思存」的「存」字意指「保留」，即是「娶作妻子」。

至於「雖則如荼，匪我思且」，意即「雖然很多女人，但我不想與她們做愛」。

《毛詩序》說：「《出其東門》，閔亂也。公子五爭，兵革不息，男女相棄，民人思保其室家焉。」

朱熹在《詩集傳》的說法也差不多：「人見淫奔之女而作此

詩。以為此女雖美且眾，而非我思之所存，不如己之室家，雖貧且陋，而聊可自樂也。是時淫風大行，而其間乃有如此之人，亦可謂能自好而不為習俗所移矣。羞惡之心，人皆有之，豈不信哉。」

我試問一句：如果只是不愛眼前的美女，這簡直是柳下惠級數的聖人，有何「淫風」可言呢？這首詩之所以涉及「淫」，正是因為那個「且」字。

照我看，這首其實是一首幽默詩，意譯是：我去東門逛，那裏的女人很多，打扮得花枝招展，但我不想娶為妻子，聊天倒還可得到樂子。再去城臺逛，女人也很多，但我連和她們上床也不想，聊天倒還可以得到歡娛。

6. 有客

《百度百科》說《周頌・有客》：「是中國古代第一部詩歌總集《詩經》中的一首詩。這是周王為客人餞行時所唱的樂歌，詩中描寫了周王對來客熱情招待的情形，表現了客人的賢良及主人的盛情，委婉地暗示了周王對客人的希望。

《周頌・有客》的原文是：**「有客有客，亦白其馬。有萋有且，敦琢其旅。有客宿宿，有客信信。言授之縶，以縶其馬。薄言追之，左右綏之。既有淫威，降福孔夷。」**

流行譯法是：「遠方客人來造訪，駕車白馬真健壯。隨從人員眾且多，個個品德都賢良。客人已經住兩天，多住幾天增感情。給他拿條絆馬索，斑竹馬兒不讓行。客人走時遠遠送，左右熱情慰勞他。既用大德來待客，上天降福多又大。」

對於「有萋有且」，鄭玄的箋說：「**威儀萋萋且且，盡心力於其事。**」孔穎達的疏則說：「**威儀萋萋且且，威儀多之狀，故複言之。威儀出於心而以力行之，故言盡心力於其事也。**」

換言之，他們認為是「茂盛」的意思。但我卻認為，「有萋有且」並非「隨從人員眾且多」，而是「隨行者有女有男」。

毫無疑問，「萋萋」，如「芳草萋萋」，是「茂盛」的意思，可這是疊字，然而單一個「萋」字，又可否作同解呢？例如說，「形形色色」的「形」和「色」也是完全不同的意思。

《百度百科》對「妻」字的解說是：

「甲骨文中的「妻」字從又持女髮，即由「每（女子生育）」和「又（抓）」組成，會奪女（搶親）為妻之意。」換言之，男人執著女人的頭髮，把她搶回來，當自己的老婆，就是「妻」了。也正因「妻」既有女人，也有「頭髮」的意思，因而才引申出「芳草萋萋」。

總括上文，「芳草萋萋」的意思是「有香氣的草，像女人的頭髮般茂盛」。

這裏再引用《詩經》的另一首《小雅・巷伯》去作說明「萋」是「女人」的意思：

「**萋兮斐兮，成是貝錦。彼譖人者，亦已大甚！哆兮侈兮，成是南箕。彼譖人者，誰適與謀。緝緝翩翩，謀欲譖人。慎爾言也，謂爾不信。捷捷幡幡，謀欲譖言。豈不爾受？既其女遷。驕人好好，勞人草草。蒼天蒼天，視彼驕人，矜此勞人。彼譖人**

者，誰適與謀？取彼譖人，投畀豺虎。豺虎不食，投畀有北。有北不受，投畀有昊！楊園之道，猗於畝丘。寺人孟子，作為此詩。凡百君子，敬而聽之。」

《毛詩序》說：**「《巷伯》，刺幽王也，寺人傷於讒，故作是詩也。巷伯，奄官兮。」**

換言之，這是周幽王時代的太監被人用言中傷，因而作出了這首詩。

流行譯法是：「各種花紋多鮮明，織成多彩貝紋錦。那個造謠害人者，心腸實在太兇狠！臭嘴一張何其大，如同箕星南天掛。那個造謠害人者，是誰給你作謀劃？花言巧語嘰嘰喳，一心想把人來坑。勸你說話負點責，否則往後沒人聽。花言巧語信口編，一心造謠又說謊。並非沒人來上當，總有一天要現相。進讒的人竟得逞，被讒的人心意冷。蒼天蒼天你在上！管管那些害人精，多多憐憫被讒人！那個造謠害人者，是誰為他出計謀？抓住這個害人精，丟給野外餵豺虎。豺虎嫌他不肯吃，丟到北方不毛土。北方如果不接受，還交老天去發落。一條大路通楊園，楊園緊靠畝丘邊。我是閹人叫『孟子』，是我寫作此詩篇。諸位大人君子們，請君認真聽我言！」

「斐」有花紋錯雜的意思。我的看法是，「萋兮斐兮，成是貝錦」指的應是「穿著華衣美服的女人」，這當然並非指是真正的女人，而是「花紋錯雜」，即是不男不女，是對太監的侮辱說法。至於「楊園之道，猗於畝丘」這句話，在後文講「兮」字時，另有解說。

7. 雞鳴

《詩經・齊風・雞鳴》的原文是：**「雞既鳴矣，朝既盈矣。匪雞則鳴，蒼蠅之聲。東方明矣，朝既昌矣。匪東方則明，月出之光。蟲飛薨薨，甘與子同夢。會且歸矣，無庶予子憎。」**

《毛詩序》對此的解說是：「哀公荒淫怠慢，故陳賢妃貞女夙夜警戒相成之道焉。」換言之，這是齊哀公的賢慧妻子勸他早起上朝的詩句。

至於流行譯法，則是：「公雞喔喔已叫啦，上朝官員已到啦。這又不是公雞叫，是那蒼蠅嗡嗡鬧。東方曚曚已亮啦，官員已滿朝堂啦。這又不是東方亮，是那明月有光芒。蟲子飛來響嗡嗡，樂意與你溫好夢。上朝官員快散啦，你我豈不讓人恨！」」

為甚麼會扯到「蒼蠅之聲」呢？照說，早上和蒼蠅可扯不上關係呀！我認為，這是形容他們做愛時的聲音，台灣也會對做愛的聲音說成「啪啪啪」。

「甘與子同夢」，即我很想同君王你繼續一起睡覺／做愛。至於「會且歸矣」，我的看法：不過，（由於朝臣都在等待），還是請君主快點完事吧，「且歸」，就是「陽具要回去的意思。「無庶予子憎」是希望君王不要因（我催你快點完事而）憎恨我！

8. 山有樞

《百度百科》說：「《唐風・山有樞》……嘲笑諷刺一個守財奴式的貴族統治者，強調生活的奢儉應歸於中道，如此，人才是財富的主人，堪稱一首古老的糾偏文學。」

原文是：**「山有樞，隰有榆。子有衣裳，弗曳弗婁。子有車馬，弗馳弗驅。宛其死矣，他人是愉。山有栲，隰有杻。子有廷內，弗灑弗掃。子有鐘鼓，弗鼓弗考。宛其死矣，他人是保。山有漆，隰有慄。子有酒食，何不日鼓瑟？且以喜樂，且以永日。宛其死矣，他人入室。」**

流行譯法是：「山坡上面有刺榆，窪地中間白榆長。你有上衣和下裳，不穿不戴箱裏裝。你有車子又有馬，不駕不騎放一旁。一朝不幸離人世，別人享受心舒暢。山上長有臭椿樹，菩提樹在低窪處。你有庭院和房屋，不灑水來不掃除。你家有鐘又有鼓，不敲不打等於無。一朝不幸離人世，別人佔有心舒服。山坡上面有漆樹，低窪地裏生榛慄。你有美酒和佳餚，怎不日日奏樂器。且用它來尋歡喜，且用它來度時日。一朝不幸離人世，別人得意進你室。」

我對最後四句的解釋是：「且以喜樂，且以永日。宛其死矣，他人入室。」你與你的女人們做愛很快樂，常常做愛。可是，當你死了之後，其他人便會進入你的家，暗喻其他人將與你的女人做愛。套句日文的說法，則是被別的男人「寢取」（ねとられ，俗稱為「NTR」）了。

9. 韓奕

《詩經・大雅・韓奕》的原文是：

奕奕梁山，維禹甸之，有倬其道。韓侯受命，王親命之：纘

戎祖考，無廢朕命。夙夜匪解，虔共爾位，朕命不易。榦不庭方，以佐戎辟。四牡奕奕，孔脩且張。韓侯入覲，以其介圭，入覲于王。王錫韓侯，淑旂綏章，簟茀錯衡，玄袞赤舄，鉤膺鏤鍚，鞹鞃淺幭，鞗革金厄。韓侯出祖，出宿于屠。顯父餞之，清酒百壺。其肴維何？炰鱉鮮魚。其蔌維何？維筍及蒲。其贈維何？乘馬路車。籩豆有且。侯氏燕胥。韓侯取妻，汾王之甥，蹶父之子。韓侯迎止，於蹶之里。百兩彭彭，八鸞鏘鏘，不顯其光。諸娣從之，祁祁如雲。韓侯顧之，爛其盈門。蹶父孔武，靡國不到。為韓姞相攸，莫如韓樂。孔樂韓土，川澤訏訏，魴鱮甫甫，麀鹿噳噳，有熊有羆，有貓有虎。慶既令居，韓姞燕譽。溥彼韓城，燕師所完。以先祖受命，因時百蠻。王錫韓侯，其追其貊。奄受北國，因以其伯。實墉實壑，實畝實藉。獻其貔皮，赤豹黃羆。

流行譯法是：

巍巍梁山多高峻，大禹曾經治理它，交通大道開闢成。韓侯來京受冊命，周王親自來宣佈：繼承你的先祖業，切莫辜負委重任。日日夜夜不懈怠，在職恭虔又謹慎，冊命自然不變更。整治不朝諸方國，輔佐君王顯才能。四匹公馬高又壯，體態雄壯又修長。韓侯入朝拜天子，手持介圭到殿堂，恭行覲禮拜周王。周王賞賜給韓侯，交龍日月旗漂亮；竹篷車子雕紋章，黑色龍袍紅色鞋，馬飾繁纓金鈴裝；車軾蒙皮是虎皮，轡頭軛具閃金光。韓侯祖祭出發行，首先住宿在杜陵。顯父設宴來餞行，備酒百壺甜又清。用的酒餚是什麼？燉鱉蒸魚味鮮新。用的蔬菜是什麼？嫩筍嫩蒲香噴噴。贈的禮物是什麼？四馬大車好威風。盤盤碗碗擺滿桌，侯爺吃得喜盈盈。韓侯娶妻辦喜事，大王外甥作新娘，蹶父長女嫁新郎。韓侯出發去迎親，來到蹶地的裡巷。百輛車隊鬧攘攘，串串鑾鈴響叮噹，婚禮顯耀好榮光。眾多姑娘作陪嫁，猶如雲霞鋪天上。韓侯行過曲顧禮，滿門光彩真輝煌。蹶父強健很勇武，足跡踏遍萬方土。他為女兒找婆家，找到韓國最心舒。身在韓地很快樂，川澤遍佈水源足。鯿魚鰱魚肥又大，母鹿小鹿聚一處。有熊有羆在山林，還有山貓與猛虎。喜慶有個好地方，韓姞心裡好歡愉。擴建韓城高又大，燕國征役來築成。依循先祖所受命，管轄所有蠻夷人。王對韓侯加賞賜，追族貊族聽號令。北方各國都管轄，作為諸侯的首領。築起城牆挖壕溝，劃分田畝稅章定；珍貴貔皮作貢獻。

照上述的語譯，固然「且」可譯作「又」，但「孔」字應該不可能譯作「體態」吧？人們對《詩經》譯法之馬虎，可見一斑。我的看法是：「孔」應是「屁眼」，「孔脩且張」應是「屁眼很漂亮，陽具很長」的意思。

10. 叔于田

《詩經‧鄭風‧叔于田》的原文是：**「叔于田，巷無居人。豈無居人、不如叔也，洵美且仁。叔于田，叔于狩、巷無飲酒。豈無飲酒、不如叔也、洵美且好。叔于田，叔適野，巷無服馬。豈無服馬？不如叔也，洵美且武。」**

《百度百科》的語譯是：「叔去打獵出了門，巷裡就像沒住人。難道真的沒住人？沒人能與叔相比，那麼英俊又慈仁。我叔出門去打獵，巷裡無人在飲酒。真的沒人在飲酒？什麼人都不如叔，那麼英俊又清秀。我叔騎馬去野外，巷裡沒人會騎馬。真的沒人會騎馬？沒人能夠比過他，確實英俊力有大。」

這個「叔」字放在今日，應譯作「大哥」。更貼切應是韓文的「歐巴」。

「洵」字一般譯作「確實」，作為助語詞。但這個字又解作「遙遠」，如《詩經・邶風‧擊鼓》：「於嗟洵兮，不我信兮。」意即「未來太遙遠了，我也無法遵守約定。」

另一個解法是「無聲」，如《國語・魯語》中，「公父文伯卒其母戒其妾」一段說的「請無瘠色，無洵涕，無掐膺，無憂容，有降服，無加服。」這裏指的「無洵涕」就是「不會無聲流淚」。

我把這裏的「洵」字解作「遠看」和「不用發聲」，即「外表看起來」。因此，「洵美且仁」、「洵美且好」、「洵美且武」的解釋分別是：「外表看起來英俊兼有風度的男人」、「外表看起來英俊兼人格高尚的男人」，「外表看起來英俊兼威猛的男人」。

全文語譯應是：「歐巴出了門，我的家裏沒有人。我不是沒有男人呀，只是沒有人能與歐巴相比，外表看起來英俊兼有風度的男人。歐巴出門去打獵，我沒同男人喂酒，我不是沒人陪喝呀，只是沒有人能與歐巴相比，外表看起來英俊兼人格高尚的男人。歐巴出了門，去了郊外，我沒找人去騎馬。我不是沒有人陪騎馬，只是沒有人能與歐巴相比，外表看起來英俊兼威猛的男人。」

11. 有女同車

《詩經・鄭風・有女同車》的原文是：**「有女同車，顏如舜華。將翺將翔、佩玉瓊琚。彼美孟姜，洵美且都。有女同車。有女同行、顏如舜英。將翺將翔、佩玉將將。彼美孟姜，德音不忘。」**

《百度百科》的翻譯是：「姑娘和我同乘車，容貌就像花一樣。體態輕盈如飛鳥，珍貴佩玉泛光芒。她是美麗姜姑娘，舉止嫻雅又大方。姑娘和我同路行，容貌就像木槿花。體態輕盈像鳥翔，佩玉鏘鏘悅耳響。美麗姑娘她姓姜，美好聲譽人難忘。」

「都」也是「美麗」的意思，照傳統的解釋，則「彼美孟姜」和「洵美且都」是重覆了。「孟姜」的表面意思是「齊國國君的長女」，意即「淑女」，這是公認的解法，皆因齊國是以文化著稱的大國。

至於「洵美且都」，我的看法是，「且」是男人。因此，這兩句話的正解是「郎才女貌」。

12. 北風

周武王打敗商朝的末代君主帝辛後，先是把後者的兒子武庚封在商朝舊首都，並且派出三個弟弟：管叔、蔡叔、霍叔在周圍成立國家，去監視武庚，是為「三監」。這「三監」分別是邶國、鄘國、衛國。邶國在商朝舊都以北，因以為名，位於今日的河南省湯陰縣東南。庸國在舊都之南，衛國則在舊都之東部。

未幾，武庚伙同「三監」叛亂，卻被周朝政府打敗了。周政府改派了另一個周武王的弟弟康叔去統治衛國，有說這時衛、邶、鄘三國合併了，也有說衛國是在不久的後來才吞併邶國和鄘國的。總之，在大部分的時期，「邶」和「鄘」只是地理名詞，指的是地方，而不是國家：它們都是在衛國的統治之下。

《詩經》的寫作年份跨越了從周朝初期至中期，分別有《衛風》、《邶風》、《鄘風》，主題就是這地方的民歌。

《詩經・邶風・北風》的原文是：

北風其涼，雨雪其雱。惠而好我，攜手同行。其虛其邪？既亟只且！

北風其喈，雨雪其霏。惠而好我，攜手同歸。其虛其邪？既亟只且！莫赤匪狐，莫黑匪烏。惠而好我，攜手同車。其虛其邪？既亟只且。

我在網上找到的譯文是：「北風颳來冰樣涼，大雪漫天白茫茫。你和我是好朋友，攜起手來快逃亡。豈能猶豫慢慢走？事情緊急禍將降。北風颳來透骨涼，大雪紛飛漫天揚。你和我是好朋友，攜起手來歸他邦。豈能猶豫慢慢走？事情緊急快逃亡！沒有紅的不是狐，沒有黑的不是烏。你和我是好朋友，攜手乘車同離去。豈能猶豫慢慢走？事情緊急快逃出。」

這首詩的大意是很好解的，總之就是漫天大雪，大家拖著手走路，拖著手回去，拖著手乘車。問題只在於其主題：「其虛其邪？既亟只且！」究竟應作何解？

上面的譯文把「既亟只且」解作「豈能猶豫慢慢走，事情緊急快逃亡」。網上找到的另一解法則是：「（因為下大雨雪）不要慢行，還是走快點走吧。

《毛詩正義》及歷代的經學家將這首詩釋義為「**刺虐也。衛國並為威虐，百姓不親，莫不相攜持而去焉。**」

不過，看詩中意境，十分溫馨，看不出有任何逃離暴政的意味。

另有一說法，指說這詩是講在西周時，各諸侯國都可派出官員和嫡長子去王都鎬京的學校去學習，有的更可留在中央政府當官。周幽王二年，即是西元前780年的夏曆十月，首都發生大地震，大家紛紛逃離王都。來自衛國邶地區的人把這段經歷寫成詩歌，因而流傳下來。

這解法的不通之處，在於詩中說的是大雪，不是地震，雖然不排除地震時也正在下大雪，但這詩可一句也沒提到地震。再說，其意境情意綿綿，既不像是男人和男人，也不像是逃難。

「其虛其邪」的「虛」和「邪」，一般都是解作「緩慢、徐徐」的意思，有說「邪」和「徐」兩字音義相同。我補充一句，中文的「噓」有「慢慢呼吸」的意思，應也出自「虛」字。

這裏把「亟」解作「快走」，但是中文一般的用法，則解作「心急」和「非常想」。

要解此詩的突破點是：「莫赤匪狐，莫黑匪烏。」為何會無端端出現了狐狸和鳥？在《詩經》中，「狐」常常用來指稱「女人」，如《衛風‧有狐》的那句：「有狐綏綏」，意即「距離丈夫很遠的妻子」。

你當然可以說這兩句是表達意境，但正如我一直所言，《詩經》的比喻都是與時境貼切的，尤其是，它的字面意思是：「沒有比狐狸更紅的了，沒有比烏鴉更黑的了」，紅色和黑色和這情景有何關係？為甚麼要突顯出來？總之，這說法有點突兀。

我的看法是：紅色代表的是陰戶，黑色代表的是陽具。

至於「既亟只且」，則照其字面意思，指的是「我極度需要你的陽具」。

所以，全詩的意譯應是：

「北風很冷，雪下得很大。我和心愛的人牽著手同行，我表面上很端莊，心裏極想和他做愛！北風霍霍聲，漫天大雪，我和心愛的人牽著手一起回去。我表面上很端莊，心裏極想和他做愛！我紅紅的陰戶極度需要他黑黑的陽具。我和心愛的人牽著手乘車，我表面上很端莊，心裏極度和他做愛！」

13. 靜女

《邶風》一共有19首，另一首叫《靜女》，原文是：

靜女其姝，俟我於城隅。愛而不見，搔首踟躕。靜女其孌，貽我彤管。彤管有煒，說懌女美。自牧歸荑，洵美且異。匪女之為美，美人之貽。

網上的解法是：「嫻靜姑娘真可愛，約我城角樓上來。故意躲藏讓我找，急得抓耳又撓腮。嫻靜姑娘好容顏，送我一枝紅彤管。鮮紅彤管有光彩，愛它顏色真鮮豔。郊野採荑送給我，荑草美好又珍異。不是荑草長得美，美人相贈厚情意。 」

這首詩無疑說的是男女的情事，至少表面上如此。雖然，《毛詩序》也把它扯上政治：「《靜女》，刺時也。衞君無道，夫人無德。」這似乎扯太遠了。

歐陽修在《詩本義》說：「此乃述衞風俗男女淫奔之詩。」朱熹在《詩集傳》說：「此淫奔期會之詩。」他們應該正解了其主旨。然而，我卻對上文的語譯並不滿意。

這首詩最難解的是「貽我彤管」。「彤管」是紅色桿的筆，鄭玄的說法是：「彤管，筆赤管也。」《後漢書・皇后紀序》：「女史彤管，記功書過。」在古時，王后及妃子的生活大事，如甚麼時候和君主睡過，甚麼時候懷孕，甚麼時候分娩等等，都有女史官去作記錄。

「煒」字解作「光亮」。《說文解字》說：「煒，盛明皃（貌）也。」「說」是「喜悅」的意思。「懌」也解作「高興」。《百度百科》的「牧」字條文：「此字初文見於商代甲骨文，其古字形像手持棍棒驅趕牲畜。 本義指放養牲口引申指放牧的場地、郊外。」

「荑」是植物初生時的嫩芽，通常用來形容女人的纖纖玉手。《詩經・衞風・碩人》直說：「**手如柔荑。膚如凝脂。**」

「洵」感嘆字，意指「的確是」。

「且異」的字面意思，是「陽具不同了」。怎樣「不同」呢？答案是：勃起了。再追問下去，為甚麼會勃起呢？答案是：女人用她的手令我勃起。推理得出，「彤管」指的應該是「塗了指甲油的手指」。

所以，全詩的語譯應是：

「一位斯文女子長得很美，我在城角等候她。我未見到她時，摸著頭，徘徊著，很是焦慮。斯文女子很愛我，用手指來服侍我。她的手指塗了紅色指甲油，閃閃發光。她很美麗，我很高興。她的手指（像牧人舞動棍棒）撥弄著我，太美好了，令我勃起。這並不止是因為女人的美麗，最重要的是她（送給我的）手淫服務。」

14. 終風

《邶風・終風》的全文是：

終風且暴，顧我則笑，謔浪笑敖，中心是悼。終風且霾，惠然肯來，莫往莫來，悠悠我思。終風且曀，不日有曀，寤言不寐，願言則嚏。曀曀其陰，虺虺其雷，寤言不寐，願言則懷。

流行的譯文是：

「風兒整天價猛吹又多狂暴，他有時衝我回頭只笑一笑，全是調戲放蕩嘲諷又慢傲，讓我心內深感悲傷更寂寥。風兒整日價狂吹呀雨霧罩，他是否願意痛快回家來喲？這個負心人不來也不往啊，讓我空思念呀悠悠又遙遙。風兒整日價吹呀天色陰沉，前天陰沉沉沒幾天又發昏。一夢醒來就再也難以入睡，為你我傷風感冒思念殷勤。風悽悽呀天昏地暗陰沉沉，雷聲遠遠地傳來約約隱隱。夢鄉醒來就再也難以入睡，我總是不能排譴倍感傷心。」

《百度百科》對其主題的解說是：「此詩寫一位婦女被丈夫玩弄嘲笑後又被遺棄的遭遇，表達了這位婦女對丈夫既恨又愛的複雜心理。全詩四章，每章四句，以自然界的狂風大作和天氣陰晦，來比喻主人公丈夫脾氣的狂蕩暴戾、喜怒無常，十分形象生動。」

至於「終風」兩字的意思，則被公認解作「經常發生的風暴」。中文常用「終」字，指「整天」，或「常常」，例如《易經》說：「君子終日乾乾。」杜甫的《愁坐》有云：「高齋常見野，愁坐更臨門。十月山寒重，孤城月水昏。葭萌氐重迴，左擔犬戎存。終日憂奔走，歸期未敢論。」

我同意這首詩的主題是夫妻的鬧別扭，也同意這詩講出了「這位婦女對丈夫既恨又愛的複雜心理」，卻不認同它講的是「玩弄嘲笑後又被遺棄」。

我認為，「終風」意指「瀕臨分手（終結）的氣氛」。換言之，這時夫妻兩人尚在一起、尚在同居。反之，如已分手，則妻子只會獨自哭泣，或憤怒，而不會發生詩中所述的互動。

「且」既可解作「陽具」，中國古代語法名詞、動詞不分，則「且」也可解作性行為。更精確地，這是以男性為主詞的性行為，好比今日的「操」：從來只有男操女，不會有女操男，女只能被操，雖然，現時也偶有這樣說，但這明顯不合語法。

現在回說到此詩的流行解法：為甚麼男人的行為像風一般的粗暴，和妻子仍然維持表面的言笑呢？這首詩的推進方式依次是：暴、霾、曀，應該是第一個最輕微，越來越重才是，但「暴」字則肯定是這三個字中最嚴重的情況。按照文學的標準，決不會把它擺在最前，這是常識。

所以，「終風且暴」的意思，應是「在夫妻瀕臨分手的冷戰時期，丈夫狂野地與妻子做愛」，所以才會「顧我則笑，謔浪笑敖，中心是悼」，即是兩人還在談天說笑，只是妻子的心中已很難過了。

我沒十分把握解出的是「霾」和「曀」。

前者，《說文解字》說：「風雨土也。從雨貍聲。」《爾雅・釋名》說：「霾，晦也。言如物塵晦之色也。」《爾雅・釋天》說：「風而雨土爲霾。」換言之，即是空氣有大量粒子，今日我們仍然「霧霾」的用法。

至於「曀」字，《爾雅・釋天》說：「陰**而風曰曀。**」《爾雅・釋名》說：「**曀，翳也。言掩翳日光使不明也。**」換言之，這是「天色陰暗」的意思。

問題一是：用「霧霾」和「天色陰暗」來形容夫妻兩人當時相處的氣氛，這兩者有甚麼分別？從文學的角度來看，完全沒有推進，這兩段是重覆了。

我的看法是，「且霾」的意思，是丈夫在做愛時顯出很不自願，即是說，這時的氣氛像霧霾般惡劣。

「惠」字如「恩惠」，指的是「施捨」。「惠然肯來」就是「同我做愛好像是施捨」，因而才會有「莫往莫來」，意即妻子心想／明說：「如果你是施捨，我寧願不做愛算了。」

至於「悠」字，我在他文詳解了，意即「泛起色心」。在這句子中，就是：「雖然我起了性慾，但他這樣子不情不願的做愛，我寧願不做算了。」

現在說「曀」字。《爾雅‧釋天》說：「**陰而風曰『曀』**。」《爾雅‧釋名》說：「曀，翳也。言掩翳日光使不明也。」

問題是，做愛時的「曀」，和做愛時的「霾」，有何分別呢？

話說「曀」有一個同源的字，「口」部首的「噎」， 讀音分別是「yì」和「yē」，在古時讀音相同。「噎」解作「哽咽」，例如有一句成語叫「無語凝噎」，現代人仍不時會使用。

這字也解作：「食物塞住咽喉，氣透不過來。」成語的「因噎廢食」，出自《呂氏春秋．孟秋紀．蕩兵》：「夫有以饐死者，欲禁天下之食，悖。」

《詩經》也有用這字，如在《王風‧黍離》有一句：「行邁靡靡，中心如噎。」這句話意即「步履沉重的走著，有如食物塞住咽喉」，換言之，就是「哽咽」。

所以，「終風且曀」的意思，就是「在做愛的時候，妻子在哽咽」。「不日」在現代語文的意思，是「快將」，如電影「不日公映」。

「寤」和「寐」，分別指的是「醒」和「睡」。「寤言不寐」這句話得懂得一點女人心理，方可明白。女人在做愛完事後，想和男人說話，不想馬上睡覺。但男人在射精之後，會在副交感神經的化學作用下，昏昏欲睡。

「願言則嚏」的「嚏」一般被解作「打噴嚏」，並且引用民間有「打噴嚏，有人想」的諺語。然而，無端端出現了「打噴嚏」的行為，也太過突兀，語境不通。按照上文下理，這句話應解作「破涕為笑」。查「嚏」就是「從鼻中噴出氣體」，中文另有一個常用語，叫作「噗哧一笑」，「噗哧」也是「噴出氣體」的意思，即是「忍不住笑出來」。

「虺」指傳說中的爬蟲生物，南朝祖沖之寫的《述異記》說：「虺五百年化為蛟，蛟千年化為龍，龍五百年為角龍，千年為應龍。」

屈原寫的《楚辭・大招》有一句：「鰅鱅短狐，王虺騫只。」這裏的「王虺」指「大蛇」。《詩經・小雅・正月》有一句：「哀今之人，胡為虺蜴。」意即：「我感嘆現代的人，為何像蛇和蜥蜴一樣，在地上爬，沒有直立的脊骨。」

注意《詩經・周南・卷耳》有一句「陟彼崔嵬，我馬虺隤。」這句話通常解作「經過了那座高山，我的馬又病又累。」

這裏的「隤」字，意即「崩潰」，這是沒有異議的。《爾雅》說：「虺隤，病也。」問題是：「虺」明明是「大蛇」，為甚麼解作「病」呢？這裏且說說蛇的生活習性。

蛇一頓可以吃很多，甚至吃下比自己的身體還要大的生物。同時，牠也可以很久才吃一頓，一月一頓也沒問題，據說一、兩年才吃一頓，也死不了。這是基於蛇的捕食習慣：靜靜的等待獵物走近，一舉將其捕食，由於大部分的時間都在等待不動，因此我們才會用「蛇」來形容「懶惰的人」，如斥人為「大懶蛇」。

所以，「虺」作為形容詞，應是「像蛇般不動」的意思，也可引申為懶、累、病。前文所引用的「我馬虺隤」，指的應是：

「我的馬累得崩潰了，動也不能動」，而不是「又病又累」。

再舉一個例子，《詩經・小雅・斯干》有這一句：「大人佔之：維熊維羆，男子之祥；維虺維蛇，女子之祥。」男人像熊和狗熊一般的威猛，固然是好事，但為何女人是要像虺和蛇呢？這就因為女人要懶，不用工作，才是幸福的表現。

西漢時的《毛傳正義》把「虺」字解作：「暴若震雷之聲，虺虺然。」三國時學者張揖寫的《廣雅》說：「虺虺，聲也。」

問題在於，如果把「虺」解作「像打雷的聲音」，則「虺虺其雷」豈非是重覆了、同義反覆了？如果是這樣，文學水平未免不佳。

總括而言，這一句的意思，應是「丈夫像大蛇一般的熟睡了，鼻鼾聲像打雷般響」。

整首詩的語譯，應是：

「瀕臨分手的夫妻冷戰期，丈夫性交時很著力，他看著我，還和我說笑，我很開心，但其實我的內心很難過。瀕臨分手的夫妻冷戰期，丈夫的性交很敷衍，和我做愛活像是施捨，雖然我很想做，但倒寧願他不做了。瀕臨分手的夫妻冷戰期，做愛時，我經常哽咽，希望他不要睡覺，和我談心，只要他和我聊，我馬上會破涕為笑。我暗暗在哽咽，他的鼾聲如雷，希望他不要睡覺，和我談心，只要他和我聊，我就很開心了。」

無論如何，我譯的這首詩的意境和文學水平，比起前人的譯法，高明得多。

15. 椒聊

《詩經・唐風・椒聊》的原文是：

椒聊之實，蕃衍盈升。彼其之子，碩大無朋。椒聊且，遠條且。椒聊之實，蕃衍盈匊。彼其之子，碩大且篤。椒聊且，遠條且。

網上找到的譯文是：「花椒結籽掛樹上，累累椒籽升升裝。看他那個人兒呀，身材高大稱無雙。像一串串花椒呀，它的香氣飄遠方。花椒結籽掛樹上，累累椒籽捧捧香。看他那個人兒呀，心地忠厚身強壯。像一串串花椒呀，它的香氣飄遠方。」

《百度百科》對此詩的解說是：「歷代學者對此詩主旨的理解有較多分歧，有的認為是讚美男子子孫蕃盛的詩，有的認為是讚美婦女多子的詩，有的認為是女子採椒之歌。」

這是因為本詩有「蕃衍盈升。彼其之子，碩大無朋」，還有「蕃衍盈匊。彼其之子，碩大且篤」，所以主題好像是多子多孫，問題在於，在字面上，人們無法解明「椒聊且，遠條且」的意思，因此也無法解通此詩，甚至連詩中的主人翁是男是女，也有分歧，沒有一致答案。

中國人把三種完全不同的植物都叫「椒」：花椒、胡椒、番椒。從「胡」和「番」這兩個字，可知它們是外來物，前者在唐朝傳入中國，後者則是明朝時，從美洲傳入歐亞大陸。因此，文中的「椒」必然是花椒。花椒的生長形狀，是一大堆果實，長在植物的尖端，看起來很是茂盛，用來比喻子孫眾多，形神貼切。

「升」是容量單位，也是量糧食的器具。在戰國時，一升等如今日的202.15毫升。至於「椒聊之實，蕃衍盈匊」，意即其果實之多，用雙手來掬，也掬不盡，可知其子孫之繁衍眾多。

「聊」除了「聊天」，也即是「談話」之外，《說文解字》說：「聊，耳鳴也。从耳，卯聲。」

這字也可解作「憑借」或「依靠」，如《戰國策・秦策一》說：「上下相愁，民無所聊。」《史記・張耳陳餘列傳》說：「北有長城之役，南有五嶺之戍，外內騷動，百姓罷敝，頭會箕斂，以供軍費，財匱力盡，民不聊生。」因此，「聊生」就是「賴以生活」，「民不聊生」意謂「人民無以為生」。「無聊」或「百無聊賴」的原意是無所依靠，或無所依賴。

在現代中文，「且」的形狀和量詞也是「條」，指的是「長的形狀」，如「一條陽具」。至於「遠」字，可不用解釋了吧？

「篤」的意思有很多，《百度百科》的說法是：「其本義是馬行走緩慢，即《說文解字》所謂的「馬行頓遲」，後延伸至忠實專一、深厚、厚重、加厚等。」

作「忠實專一」解，如《禮記・中庸》說：「不顯惟德，百辟其刑之，是故君子篤恭而天下平。」

作「深厚」解，如《禮記・儒行》說：「儒有博學而不窮，篤行而不倦。」或是「《論語・泰伯》說：「篤信好學，守死善道。」

作「病勢沉重」解，如《史記・範雎傳》說：「昭王彊起應侯，應侯遂稱病篤。」李密的《陳情表》說：「臣欲奉詔賓士，則劉病日篤。」

縱觀以上的不同解法，找出一個共通，就是「到盡頭」的意思，如學問高到了盡頭，病重到了盡頭，信仰到了盡頭，等等。廣東俗說有一句：「打破砂鍋問到篤」，即「不斷的問下去」的意思。

至於「子」字，我的看法是，這不是「子女」，而是指「陽具」，正如現代人也會把男人的陽具叫作「弟弟」，因此叫作「子」，即是「兒子」，也是正常的講法。

照上述的分析，「椒」意指「大量的精液」，「椒聊且」就是「藉著陽具射出的大量精液」。「遠條且」意指「極長的一條陽具」。

全首詩的意譯是：「精液多得連升也裝不下。你的小弟弟碩大到沒有別人及得上。多精的陽具，大條的陽具。精液多得連雙手也盛不住。你的小弟弟大得到了極點。多精的陽具，大條的陽具。」

16. 蒹葭

《詩經・秦風・蒹葭》是另一首我摸不清其真義的詩，然而，我有一個優點，就是並不避開與自己立論不同的說法，而是習慣並列出來，由讀者自行判斷。畢竟，我的臉皮甚厚，也常犯錯，錯了不覺甚麼。再說，《詩經》很難，世上能完全解明的人，一個也沒有，所有的專家統統是胡說八道，多我一個，也算不了甚麼。

這詩的原文是：

蒹葭蒼蒼，白露為霜。所謂伊人，在水一方。溯洄從之，道阻且長。溯游從之，宛在水中央。蒹葭萋萋，白露未晞。所謂伊人，在水之湄。溯洄從之，道阻且躋。溯游從之，宛在水中坻。蒹葭采采，白露未止。所謂伊人，在水之涘。溯洄從之，道阻且右。溯游從之，宛在水中沚。

其譯文是：「河邊蘆葦青蒼蒼，秋深露水結成霜。意中人兒在何處？就在河水那一方。逆著流水去找她，道路險阻又太長。順著流水去找她，彷彿在那水中央。河邊蘆葦密又繁，清晨露水未曾乾。意中人兒在何處？就在河岸那一邊。逆著流水去找她，道路險阻攀登難。順著流水去找她，彷彿就在水中灘。河邊蘆葦密稠稠，早晨露水未全收。意中人兒在何處？就在水邊那一頭。逆著流水去找她，道路險阻曲難求。順著流水去找她，彷彿就在水中洲。」

這首詩的不通，在於「宛」字：「宛在水中央」，「宛在水中坻」、「宛在水中沚」。既然是「宛在」，即「不是」，例如說一位女子「宛如公主般高貴」，意即她不是公主。同樣道理，說一個女子「宛在水中」，那麼，她必然不是在水中。換言之，以上的解法，必然也是錯的。

問題是：「在水中」究竟是何含意？如果是比喻，比的又是甚麼？

在此之前，說說甚麼是「伊人」。我在網上找到了兩則「伊」字的甲骨文解法：

第一，它「是由人和尹組成的，甲骨文是用刀在獸骨或龜甲上面刻出來的，所以這個字用刀刻出來的特徵非常明顯。甲骨文中，伊字右邊是一個人，左邊則是代表天下的高臺和眾生，伊字以人、尹示意，表示治理天下之人。伊字的本意是人手持刻刀在甲骨或者龜殼上刻寫文字或者圖案，另外也可以看成是人拿著骨針在給人治病，後來引申以後指那些管理治理的人員。伊字的右面尹作為動詞來看時，表示管理的意思，伊尹，即治理天下的那個叫伊的人。

第二，「「尹」是「伊」的本字。尹，甲骨文（權杖）（又，抓），表示手執權杖的高級官員。當「尹」的「手執權杖的官員」本義消失後，甲骨文再加「人」另造「伊」代替，強調權力者的身份。」

總之，「伊」字是由「人和棍子」，或「人和刻圖案」所組成的字，代表了「治理」、「權力」。「尹」字本身就解作「行政長官」的意思，楚國的宰相就叫「令尹」。把「伊人」解作「美女」，正是因這首《蒹葭》而起，或許說，是因對這詩的錯解，而誤導了。

如果「伊人」是「美女」的意思，為甚麼要加上「所謂」兩字？從語法看，「所謂伊人」的意思，一共有三：一是她不是「伊人」，我用這名詞來作比喻。二是她是「伊人」，但是水平不足以作為「伊人」，因而用此說法來作揶揄。三是後文將會把「伊人」這名詞作出定義和解釋，即是「伊人的意思是……」。

「蒹葭」也即是「蘆葦」，「萋萋」指「草木茂盛」。「晞」是「乾」。「躋」指「努力攀登」，如「躋身上流社會」。

《爾雅・釋水》：「逆流而上曰『溯洄』，順流而下曰『溯游』。」

「湄」音「眉」，河岸，《爾雅・釋水》：「水草交為湄。」即是「靠近水邊的草地」。「坻」是「水中突出的岩石」，「涘」是「岸邊」，「沚」是水中的小塊陸地。

對於此詩，我直覺是這很像是在形容一場不容易完成的性行為。

「蒹葭蒼蒼」指的是「女性的恥毛」。「白露為霜」指的是「淫水」。女方是處女，因此不易進入，也即是「道阻」。由於我的「且長」，因此無法整根進入。「白露未晞」指的是「淫水仍在流，未乾」。「湄」比喻「陰毛和陰戶的交會地方」。「道阻且躋」即是「我的陽具遇上了障礙，我努力插進去。「白露未已」當然就是「淫水繼續在流」，當我繼續插入時，遇到了像岩石般難以洞穿的處女膜。「白露未已」就是「淫水繼續流」，但我的陽具仍然只能在「岸邊」。所以，我只有把「且」往「右」方抽插，然而抽插時，依然踫到像陸地般堅硬的處女膜。

者、些、嗟、啫

1. 者

先前說了「且」和「祖」同義，本義是「陽具」。其後，衍生了好些同音字，例如「者」。

《論語・先進》：「**安見方六七十如五六十而非邦也者？**」

以上這個「者」字，是助語詞，好比今人往往用性器官來作日常對話的助語詞。我記得香港的作曲人、填詞人黃霑把這作法稱為「力詞」，即是令一句話變得更加「有力」的文學修飾。然而，「力詞」這名詞我找不到出處，不知是不是黃霑自撰的。

在現代，性器官是忌諱詞，斯文人不說。在中國古時，其用途廣泛得多，不大忌說。這正如現時荷李活電影也常會說粗口，就是一級的文藝片，也常有聽到。,不過在香港，則嚴格得多，一旦說粗口，便被列作三級片。在內地的電影，更加連說也不能說。

「者」字既然有「陽具」的意思，毫無疑問，也可被釋為「男人」，而在大部分的語言中，「男人」和「人」是同一個字，例如英文的「man」，即同有「男人」和「人」的意思，如cameraman、policeman、postman，即是「攝影的人」、「執行政策（policy）的人」、「負責郵政的人」等。

從而，中文的「死者」、「記者」、「歌者」、「老者」等字的「者」字的起源，也應是來於以下的演化：者→人→男人→陽具。

2. 嗟

《禮記・檀弓下》記載了一個故事：

「齊大饑，黔敖為食於路，以待餓者而食之。有餓者蒙袂輯屨，貿貿然來，黔敖左奉食，右執飲曰：『嗟！來食 !』揚其目而視之，曰：『予唯不食嗟來之食，以至於斯也。』從而謝焉。終不食而死。曾子聞之曰：『微與！其嗟也可去，其謝也可食。』」

這一段的翻譯是：「春秋時代，齊國發生了大饑荒，有個叫『黔敖』的人，在路邊放置飲食接濟路過的難民。當有個人用袖子遮著臉，拖著疲憊的腳步，跌跌撞撞地走來時，黔敖便拿了食物和飲水喊他：『喂！來這裡吃東西！』那個人抬起臉瞪著黔敖說：『我就是不接受這樣無禮的施捨，才會餓到這種地步！』黔敖立刻為自己的態度道歉，但那個人卻不接受，仍堅持拒絕進食，後來終於餓死了。當時曾子聽了這件事後，不太以為然，他說：『用不著這樣吧！若招待的人真的很不禮貌，你可以拒絕，但人家都道了歉，就可以接受啊！』」

這就是有名的「嗟來之食」的成語。我的看法是：「嗟」指的不是「喂」，皆因「喂」字並沒有侮辱成分，但如果黔敖指的是「陽具」，類似現時黑人說「man」，那就有點不客氣了。

《尚書・秦誓》是西元前627年的作品，成書早於《禮記》，第一句是：「嗟，我士，聽，無譁。」在這裏，「嗟」意思應是「男人們」，在當時，並沒有侮辱成份，這好像《詩經》說的「且」，也是很光明正大地講出來。

3. 嗟嘆

中文詞語有「嗟嘆」，《百度百科」說是「感嘆聲」，這說法並不精確。《說文解字》的說法是：「吞歎也。一曰：太息也。」簡單點說，它的原意是重重的呼出空氣，因而應不同的情景，可以有不同的「嘆」，例如哀嘆、概嘆、悲嘆，而「嘆氣」則是簡單的用口呼出空氣。

《詩經・大序》有說說：「**情動於中而形於言，言之不足，故嗟嘆之，嗟嘆之不足，故永歌之，永歌之不足，不知手之舞之，足之蹈之也。**」

《禮記・樂記》也有差不多的說法：「**言之不足，故長言之。長言之不足，故嗟嘆之。嗟嘆之不足，故不知手之舞之足之蹈之也。**」

這句話，如果像古人訓詁般，用「感嘆」來訓「嗟嘆」，那是解釋不了的：說話無法表達的激情，莫非可以用「感嘆」就可表達出來？明明，感嘆是比說話更低層次的表達方式，而照以上的語氣順序，所用的表達方式應是越來越重才是。

所以，我認為，在這裏，「嗟嘆」的意思應是「大力地說出粗口」，即是廣東俗語的「爆粗」。《詩經・大序》那句話的真正意思，應是：「加上粗口等等力詞來加強語氣」。

因此，全句應是：「激情爆發，就會想講出來，說話不足以表達，就爆粗口，爆粗口也不足以表達，則編成歌曲來唱，如還不夠，就要動手、動腳，以跳舞的方式來作表達。」

4. 諸

「諸」這個助語詞，在古書中，《論語》用得最多。例如《雍也》有：「**雖欲勿用，山川其舍諸？**」「**堯舜其猶病諸！**」又如《公冶長》：「**我不欲人之加諸我也，吾亦欲無加諸人**」：「**孰謂微生高直？或乞醯焉，乞諸其鄰而與之**」

《孟子》也常用這字，例如《萬章》：「**人有言，至於禹而德衰，不傳於賢，而傳於子。有諸？**」《盡心》說：「**可欲之謂『善』，有諸己之謂『信』。充實之謂『美』，充實而有光輝之謂『大』，大而化之之謂『聖』，聖而不可知之之謂『神』。**」

《詩經・邶風・柏舟》的全文是：

泛彼柏舟，亦泛其流。耿耿不寐，如有隱憂。微我無酒，以敖以遊。我心匪鑒，不可以茹。亦有兄弟，不可以據。薄言往訴，逢彼之怒。我心匪石，不可轉也。我心匪席，不可卷也。威儀棣棣，不可選也。憂心悄悄，慍於群小。覯閔既多，受侮不少。靜言思之，寤辟有摽。日居月諸，胡迭而微？心之憂矣，如匪澣衣。靜言思之，不能奮飛。

這首詩的主題是一個女人被家族中人所欺負。我在網上找到的語譯是：

「柏木船兒蕩悠悠，河中水波漫漫流。圓睜雙眼難入睡，深深憂愁在心頭。不是想喝沒好酒，姑且散心去遨遊。我心並非青銅鏡，不能一照都留影。也有長兄與小弟，不料兄弟難依憑。前去訴苦求安慰，竟遇發怒壞性情。我心並非卵石圓，不能隨便來滾轉；我心並非草席軟，不能任意來翻卷。雍容嫻雅有威儀，不能荏弱被欺瞞。憂愁重重難排除，小人恨我真可惡。碰到患難已很多，遭受淩辱更無數。靜下心來仔細想，撫心拍胸猛醒悟。白晝有日夜有月，為何明暗相交迭？不盡憂愁在心中，好似髒衣未洗潔。靜下心來仔細想，不能奮起高飛越。」

這其中的一句：「日居月諸，胡迭而微。」被譯作：「白晝有日夜有月」，我找到的另一譯法是：「日月的光輝，為何變昏黃。」但這並沒有譯出了「居」和「諸」這兩字。

我的看法是「居」應是「倨傲」的「倨」。這可以參考《詩經・唐風・羔裘》

「羔裘豹袪，自我人居居！豈無他人？維子之故。羔裘豹褎，自我人究究！豈無他人？維子之好。」

《百度百科》的語譯是：「穿著鑲豹皮的袖子，對我們卻一臉驕氣。難道沒有別人可交？只是為你顧念情義。豹皮袖口的確榮耀，對我們卻傲慢腔調。難道沒有別人可交？只是為你顧念舊交。」

「諸」，也就是罵人的「操」。換言之，「日居月諸」應解作「人們整天對她不客氣，還要罵」。

至於「胡迭而微」的意思，則是「為何我經常那麼卑微？」

5. 啫

沿至今日，廣東人也會用「啫」字來形容陽具，讀音是「jer」，不過通常指的是小孩，但偶然也有用來指成年男人。

至於有名的「啫啫雞」，或「啫啫雞煲」，是在廣東流行的煲仔菜，不用盤子，而是用砂鍋直接上菜，當揭開鍋蓋的一刻，可以聽到「啫啫」聲響，因以為名。故此，此菜與意為「陽具」的「啫」字無關。

另一方面，在粵語，「啫」字作為助語詞，放在句末，讀作「ze1」，意即「小事」、「只不過」，例如說，在周星馳電影《唐伯虎點秋香》中，周星馳飾演的唐伯虎在和由谷德昭飾演的對穿祥隔著空氣親了一記嘴後，說了一句對白：「對唔住，我哋大家惺惺相惜，情不自禁啫。」意即：「對不起，我們兩人惺惺相惜，只是情不自禁罷了。」

6. 車

在廣東話，「啫」放在句首，則讀「車」音，意思相同。例如說，「車，原來你的啫係咁細條架？」意即「原來你的陽具是這麼小的。」

對比前文講過的「嗟！來食！」又一證明了這個字有著「看不起」的意思。前面說過，「啫」字在今日的廣東話，意即「小孩子的短小陽具」，自然也隱含了「看不起」之意。

些、止、之、矣

1. 其他

上一章講了和「陽具」有關的「且」字的衍生字，本章則也講同音或變音的衍生字，但這些用法只是作為助語詞，與「且」的本義無關。

此外還有「歟」，但這是晚出的字，不提。

2. 止

《詩經・小雅・鹿鳴之什・采薇》的原文是：

「采薇采薇，薇亦作止。曰歸曰歸，歲亦莫止 靡室靡家，玁狁之故。不遑啟居，玁狁之故。採薇採薇，薇亦柔止。曰歸曰歸，心亦憂止。 憂心烈烈，載飢載渴。我戍未定，靡使歸聘。采薇采薇，薇亦剛止。曰歸曰歸，歲亦陽止。 王事靡盬，不遑啟處。憂心孔疚，我行不來！彼爾維何？維常之華。彼路斯何？君子之車。 戎車既駕，四牡業業。豈敢定居？一月三捷。駕彼四牡，四牡騤騤。君子所依，小人所腓。 四牡翼翼，象弭魚服。豈不日戒？玁狁孔棘！昔我往矣，楊柳依依。今我來思，雨雪霏霏。 行道遲遲，載渴載飢。我心傷悲，莫知我哀！」

同樣原理，這個「止」字，應也是「且」字的音轉。

話說我認為，《詩經》所用的比喻，不會是隨便挑出一個，而是必然有一個貼切的比喻，只是後世丟失了其原來的喻意。這些比喻，我找出了不少，但當然也有更多是找不到的。

「采薇」的「薇」字，意即「野豌豆」，我的看法是參考《史記．卷六十一．伯夷傳》：「**武王已平殷亂，天下宗周，而伯夷、叔齊恥之，義不食周粟，隱於首陽山，采薇而食之。**」

伯夷、叔齊不肯和新建立的周朝合作，因而在首陽山隱居，生存下來的方式，就是採摘野豌豆來吃。

我的看法是，《采薇》這首詩的作者是企圖以此比喻，他想脫離國王，效法伯夷、叔齊，隱居山林，在國家管轄之外，做一個自由人。

說到這裏，又要補充：

第一，在當時，只有武士才需要戰鬥，有著高級的社會地位，不要以漢朝以後的戍役的悲微地位去想像作者。第二，在當時，甚至直至秦朝時，軍人出征，得自己攜帶食物，如果食物不足，他便要「採薇」而食了。第三，從「四牡」去估計，他的專職可能是駕馭戰車。

第四，伯夷叔齊是周朝建國初期的故事，當時應該是無人不知的熱門故事，方才留傳到一千多年後，寫《史記》的司馬遷，也聽說過這故事。《采薇》的創作時間，分別有周文王、周懿王、周宣王三種說法，總之就是西周時期的創作，作者不可能沒聽過這故事，因而把它引用，作為比喻。

3. 些

這個字在南方，則寫作「些」，例如《楚辭・招魂》：

「**魂兮歸來！去君之恆幹何為四方些？捨君之樂處，而離彼不祥些。**

魂兮歸來！東方不可以托些。長人千仞，惟魂是索些。十日代出，流金鑠石些。

彼皆習之，魂往必釋些。歸來兮！不可以托些。魂兮歸來！南方不可以止些。

雕題黑齒，得人肉以祀，以其骨為醢些。蝮蛇蓁蓁，封狐千里些。雄虺九首，往來倏忽，吞人以益其心些。歸來兮！不可久淫些。」

4. 從止開始的演變。

從前文可以看到，從「且」到「止」的轉變。再從此推下去，則「之」、「矣」、「以」、「而」、「歟」等助語詞，表面上雖然「且」無關，但有了「止」這中介，則可看出其演變的脈絡。

由於只是助語詞，不作「陽具」解，不用多作解釋，以下姑且列出一些例句，以作參考。

5. 之

《詩經・周南・桃夭》說：「**桃之夭夭，灼灼其華。之子於歸，宜其室家。**」幾百年後的《論語》說：「**學而時習之，不亦**

說乎。」

6. 矣

《詩經・周南・漢廣》說：「**漢之廣矣，不可泳思。江之永矣，不可方思。**」《詩經・召南・何彼襛矣》說：「**何彼襛矣，唐棣之華？曷不肅雝？王姬之車。**」

苟且

「苟且」是從古至今的常用詞，是「馬虎從事，得過且過，過一天算一天」的意思，這是漢朝以來已經有了的說法，例如說，漢朝時，荀悅寫的《漢書》簡化版《漢紀》有：「**夫秦滅先聖之道，為苟且之治，故立十四年而亡。**」

如果要分開兩字來解釋，《說文》的說法是：「**苟，草也。**」究竟這是甚麼草呢？《山海經》的說法是：「**苟草，食之美人色。**」所以是一種吃了可以美容的草。

《禮記》亦說：「**臨財毋苟得，臨難毋苟免。**」諸葛亮在《出師表》也說過：「**苟全性命於亂世，不求聞達於諸候。**」對比去推理，應是「企圖僥倖得到」的意思。

我想，吃了美人草而變成美人，好比是醜女藉著整容而變成美人，也是「企圖僥倖得到」的意思吧。

至於「且」字呢？我說過，這是象形文字，意即男人的性器官。所以，「祖先」的「祖」字，就是一個「神」加上一條陽具，就是我們崇拜的「祖」了。

所以呢，根據《周顯大辭典》，「苟且」的原意就是一個美女加上一條陽具，這當然是很淫穢的配合：如果「苟」意即

「隨便」，「且」即是「陽具」，「苟且」就是一條「隨便的陽具」，例子是，陳冠A。

從以上，我們可把「苟且」的原型視作「不端正的陽具」，也即是「非婚性行為」，並以此來喻「不端正的生活方法」。因此，中文有「苟且偷生」、「苟且偷安」的說法。

另一方面，「苟且」又有「不正當的性行為」的意思。從廣義看，「非婚性行為」，例如說，中文有一男一女「行那苟且之事」，又可稱為「苟合」。「濫交」自然也是「苟且」的一種。

夏無且

荊軻刺秦王發生在西元前227年，這故事是肯定發生過的，皆因《史記・秦始皇本紀》記載了秦始皇滅六國的理由，這應該是正式的文獻記錄。談到燕國時，秦始皇說：「燕王昏亂，其太子丹乃陰令荊軻為賊，兵吏誅，滅其國。」

司馬遷在《史記・刺客列傳》記載了當荊軻刺秦王時，夏無且幫秦王打擊荊軻的事：「**方急時，不及召下兵，以故荊軻乃逐秦王。而卒惶急，無以擊軻，而以手共搏之。是時侍醫夏無且以其所奉藥囊提荊軻也。**」

事後，秦始皇感謝夏無且：「**已而論功，賞群臣及當坐者各有差，而賜夏無且黃金二百溢，曰：『無且愛我，乃以藥囊提荊軻也。』**」

這故事有一定的可信性，想當然也有一定程度的扭曲，皆因司馬遷是聽自朝廷同僚公孫弘和董仲舒的轉述，而所有轉述都會有或多或少的扭曲。公孫和董皆認識夏無且：「**始公孫季功、董生與夏無且游，具知其事，為余道之如是。**」

公孫弘出生於西元前199年，這時距荊軻刺秦王已有28年。他在前140年以「賢良文學」被徵召入京，時距事件87年，這時夏無且幾可肯定已死翹翹。

董仲舒生於前179年，比公孫弘少20歲，換言之，他出生時，距離荊軻刺秦王已48年。不過他的仕途卻更早，在漢景帝時，已是博士。漢景帝當了16年皇帝，死於西元前141年，但不知董是在哪一年進京。

不少人因而質疑，皆因夏無且應不可能活到兩人在朝廷任職之時。公孫弘和董仲舒一是山東人，一是河北人，以當時的交通狀況，夏無且的足跡不大可能會分別在兩地踫到過他們。不過，公孫弘和董仲舒在當官之前，到過京城，甚至已住在京城，見過夏無且，也不無可能。

所以有人認為，這很可能只是兩人覆述第三者對夏無且的記述，但這又與「始公孫季功、董生與夏無且游」這句話矛盾了。故事的轉述有漏幾乎是必然的，但連三人究竟有沒有親身見過面、來往過，這些基本資料，而且還不止一人是兩人，這兩人還是司馬遷的同事……司馬遷不應犯上這低級錯誤。

我的猜測是：夏無且當時還不是御醫，而只是一個也許不到十歲的小太監。這就可以解釋到他為何可以見到在荊軻刺秦王事件發生48年後才出生的董仲舒，但前題當然是，兩人會面時，董仲舒頂多是十歲左右的小孩子。

不排除到了西漢時，長大成人的夏無且已成為了貨真價實的御醫，所以司馬遷才會寫他是御醫。秦始皇上朝時，御醫不大可能在身旁，但小太監卻必然侍從左右。至於抱持藥囊，則向來是小太監的職責。

「無且」這名字，正好說出了他的太監背景。不消說，所有的太監都沒有「且」，但是沒有「且」的御醫恐怕就沒有了，因此才得來這個名字，或綽號。

「且」這個字，廣東話讀作「扯」，即「ce2」。中小學時，不同的老師均教我們在唸「夏無且」時，把這字讀作「追」，即「zeoi1」，相信是代代相傳的讀法，教者也不明其所以然。不同的讀音，正好指出了這個字在這個人的身上，有著不同的含意，很可能正是「jer」的意思。

奚、閪

1. 奚

我懷疑，今日廣東人用的「閪」字，源自古漢語的助語詞「奚」。

在甲骨文，「奚」指的是「女性奴隸」，形狀是這樣的：

金文則這樣寫：

篆文是這樣的：

《百度百科》的說法是：「上部為一隻或一雙手（作爪或又）。中間為「古系」字的初文，像後來的絲形，此處指捆綁人的繩索。其下之「大」（或作「女」）即指人。其意思是：有人抓住了一個奴隸，用繩索將奴隸脖子繫住，並用手在前面牽着。也有人將中間的「系」理解為奴隸頭上長長的辮子。一個人的頭髮被別人揪住，無論正立也好，側立也好，站着也罷，跪着也罷，頭髮始終掌握在別人手裏，必須聽從別人的指揮。同樣是沒有自由的奴隸的形象。」

「低賤的女人」和「女人性器官」常作同義解。廣東人痛罵某女人低賤，也會罵她作「臭閪」。此外，「奚」加上三點水是「溪」，大約窄於5米的就是「溪」，闊過5米的就是「河」。如加上「谷」，則是「谿」，也是「小河」的意思。窄窄的有水流的谷道，和「陰道」相像，不消說，溪和谿的外貌也像陰部。

今日「溪」字的國語音是「xi」，粵音是「kai」。但《廣韻》把「溪」字讀作「苦奚切」，《集韻》和《韻會》則讀作「牽奚切」，都是「h」字首的發音，因此在當時，應也讀作現時粵音的「閪」。也許因為後人覺得這讀音太過不雅，因而轉了讀法。

無論如何，「奚」不是一個好字，例如說，用尖酸刻薄的話使人難堪，是為「奚落」。

在春秋時代，「奚」通常用作疑問語，如《論語・子路》：「衞君待子而為政，子將奚先？」

2. 閪

「奚」和「兮」應是這個字也即是廣東話的「閪」的來源。「閪」是幾十年由香港人發明的寫法，以前並無此字。在注意，在廣東話中，「閪」有著濃烈的貶義，例如說：「甲君的工作很閪」，即是「他的工作做得很爛」的意思。

3. 妻與奚

最後一點要說，就是我懷疑過，「妻」和「奚」可能是同一字，皆因都是「抓回來」的女人，而且同音，不過一個是當老婆，另一個則是當奴隸。雖然，在階級制度尚未建立的遠古時候，這兩者並不一定分得清楚。

雖然，在甲骨文中，這兩個是截然不同的字。但是古文也有同音、同義，卻不同寫法的個案，例如，周朝的「宋」國是「商」朝的後人傳承，不少人認為這是同一字的不同寫法。

兮

1. 甲骨文寫法

「兮」和「奚」同音，是古時常用的助語詞，例如《楚辭‧天問》說：「路漫漫其修遠兮，吾將上下而求索。」它的甲骨文是一個「T」字上面加上小小的兩豎。這個「T」很明顯有著「陽具」的意思。至於加上兩豎，也許是好比英文的「woman」和「man」的分別，加上些筆劃，就可把男變成女。寫法是：

我們可以看出，這個「兮」字看起來很像是「奚」的簡寫。在後文，我會講到，「兮」、「乎」、「了」這三個字的甲骨文極度相似，並且作出分析。

2014年9月1日，胡義成在《國學網》（www.guoxue.com）發表了一篇《兮字探源》，提到：

「在所有中國古代典籍中，對“兮”字的最早記錄出自《詩經》。據統計，在《詩經》中，“兮”字共出現了321次，遠高於“矣”等其他語助詞，可見它在《詩經》時代抒情時的極端重要性。

「仔細翻檢《詩經》“風”“雅”“頌”各部分，可以發現，“兮”字出現最多的地方是“風”，“風”詩中某些感情最濃烈的篇章，如《魏風》中的《伐檀》，《鄭風》中的《緇衣》等，詩尾幾乎全是“兮”字；“小雅”中“兮”字也不少，而“大雅”和“頌”中“兮”字則較少。這種情況，與“風”詩跟“小雅”多來自民間而感情外露有關，而“大雅”和“頌”與官府、貴族關係密切，感情外露的文字已被“磨滑”，故“兮”字較少。由此也可知，“兮”字確系反映民間外露感情的語助詞，其意指向“啊”並無大錯。今日讀《詩經》，用“啊”釋“兮”，一般也都講得過去。」

我的看法是，在當時，「兮」既然是女性器官的意思，也很可能是女人專用的助語詞，因此只在「國風」、「小雅」出現較多，因而「不登大雅之堂」，即是說，在「頌」和「大雅」這些正式場合唱的贊歌，不會使用「兮」字」。這原因很簡單：它指的是女人性器官，而且還是女性奴隸的性器官，在男尊女卑的年代，這個字很可能有著貶義。

相比之下，在前面「且・詩經」提過的《詩經・周頌・有客》的那句「有萋有且，敦琢其旅」，我把「有萋有且」解釋作「有男有女」，而「萋」字應是「妻」字的本字，是「妻子」、

「地位高貴的女人」的意思，那就可以在正式場合的頌歌中作為歌詞了。

當然，到了後來，尤其是去到了南方的楚國，大家均已忘記了它的原來意思，因而也就沒這個限制了。《垓下歌》：「力拔山兮氣蓋世。時不利兮騅不逝。騅不逝兮可奈何！虞兮虞兮奈若何！」相信是後人的文學創作，並非項羽原話，不過把歌記錄下來的司馬遷和項羽不過相差幾十年，這歌詞也應是當時楚人的方言。

2. 綢繆

《詩經・唐風・綢繆》的原文是：

「綢繆束薪，三星在天。今夕何夕，見此良人？子兮子兮，如此良人何？綢繆束芻，三星在隅。今夕何夕，見此邂逅？子兮子兮，如此邂逅何？綢繆束楚，三星在戶。今夕何夕，見此粲者？子兮子兮，如此粲者何？」

流行譯法是：「一把柴火扎得緊，天上三星亮晶晶。今夜究竟是哪夜？見這好人真歡欣。要問你啊要問你，將這好人怎樣親？一捆牧草扎得多，東南三星正閃爍。今夜究竟是哪夜？遇這良辰真快活。要問你啊要問你，拿這良辰怎麼過？一束荊條緊緊捆，天邊三星照在門。今夜究竟是哪夜？見這美人真興奮。要問你啊要問你，將這美人怎樣疼？」

這首詩毫無疑問是女人新婚前的心聲，類似周華健那首有名的《明天我要嫁給你》。

3. 緇衣

《詩經・鄭風・緇衣》的原文是：

「緇衣之宜兮，敝予又改為兮。適子之館兮。還予授子之粲兮。緇衣之好兮，敝予又改造兮。適子之館兮，還予授子之粲兮。緇衣之席兮，敝予又改作兮。適子之館兮，還予授子之粲兮。」

語譯是：「黑色朝服多合適啊，破了，我再爲你做一襲。你到官署辦公去啊，回來，我就給你穿新衣。黑色朝服多美好啊，破了，我再爲你做一套。你到官署辦公去啊，回來，我就給你試新袍。黑色朝服多寬大啊，破了，我再爲你做一件。你到官署辦公去啊，回來，我就給你新衣穿。」

這很明顯，是太太為丈夫裁剪衣裳的詩歌。

4. 葛覃

《詩經・周南・葛覃》的原文是：

「葛之覃兮、施于中谷。維葉萋萋、黃鳥于飛。集于灌木、其鳴喈喈。葛之覃兮、施于中谷。維葉莫莫、是刈是濩。為絺為綌、服之無斁。言告師氏、言告言歸。薄污我私、薄澣我衣。害澣害否、歸寧父母。」

以下是流行的譯文：「葛草長得長又長，枝兒伸到谷中央，葉兒茂密翠汪汪。黃鸝上下在翻飛，一起停在灌木上，嘰嘰啾啾把歌唱。葛草長得長又長，枝兒伸到谷中央，葉兒茂密翠汪汪。割藤蒸熟織麻忙，織細布啊織粗布，穿不厭的新衣服。告訴管家心裏話，說我探親回娘家。內衣髒了洗乾淨，外衣受污也要刷。

哪件不洗哪件洗，洗完回家看爹娘。」

既然是回娘家，不用細看，也知是女人的詩歌。

5. 伯兮

《詩經・衛風・伯兮》的原文是：

「伯兮朅兮，邦之桀兮。伯也執殳，為王前驅。自伯之東，首如飛蓬。豈無膏沐？誰適為容！其雨其雨，杲杲出日。願言思伯，甘心首疾。焉得諼草？言樹之背。願言思伯，使我心痗。」

譯文是：「我的丈夫高大威風，是國家的英雄。手持長矛，君王的陣前先鋒。

自從丈夫去了東方，我不再對鏡梳妝。不是沒有香水和面霜，因為他不在我身旁。

希望落一些小雨，偏偏火熱大太陽。日夜想念我的丈夫，悲傷斷腸。誰會給我「忘憂草」？我會種在中堂。為什麼我這樣想你，衷心難忘。」

6. 伐檀

《詩經・魏風・伐檀》是教科書常錄的詩，相信不少人都熟悉。原文是：

坎坎伐檀兮，置之河之幹兮。河水清且漣猗。不稼不穡，胡取禾三百廛兮？不狩不獵，胡瞻爾庭有縣貆兮？彼君子兮，不素餐兮！坎坎伐輻兮，置之河之側兮。河水清且直猗。不稼不穡，

胡取禾三百億兮？不狩不獵，胡瞻爾庭有縣特兮？彼君子兮，不素食兮！坎坎伐輪兮，置之河之漘兮。河水清且淪猗。不稼不穡，胡取禾三百囷兮？不狩不獵，胡瞻爾庭有縣鶉兮？彼君子兮，不素飧兮！

流行譯文是：

砍伐檀樹聲坎坎啊，棵棵放倒堆河邊啊，河水清清微波轉喲。不播種來不收割，爲何三百捆禾往家搬啊？不冬狩來不夜獵，爲何見你庭院豬獾懸啊？那些老爺君子啊，不會白吃閒飯啊！砍下檀樹做車輻啊，放在河邊堆一處啊。河水清清直流注喲。不播種來不收割，爲何三百捆禾要獨取啊？不冬狩來不夜獵，爲何見你庭院獸懸柱啊？那些老爺君子啊，不會白吃飽腹啊！砍下檀樹做車輪啊，棵棵放倒河邊屯啊。河水清清起波紋啊。不播種來不收割，爲何三百捆禾要獨吞啊？不冬狩來不夜獵，爲何見你庭院掛鵪鶉啊？那些老爺君子啊，可不白吃腥葷啊！

這首詩看不出是出自男人還是女人。

7. 候人

《曹風·候人》是《詩經》中比較有名的一首，《毛詩序》說此詩是刺曹共公「遠君子而好近小人」，但也有人說，這不像是針對個人的，而是譴責所有不勞而獲、不稱其職的權貴們。其原文是：

「彼候人兮，何戈與祋。彼其之子，三百赤芾。維鵜在梁，

不濡其翼。彼其之子，不稱其服。維鵜在梁，不濡其咮。彼其之子，不遂其媾。薈兮蔚兮，南山朝隮。婉兮孌兮，季女斯饑。」

流行譯文是：「官職低微的候人，身背長戈和祋棍。那些朝中新貴們，身穿朝服三百人。鵜鶘守在魚梁上，居然未曾濕翅膀。那些朝中新貴們，哪配身穿貴族裝。鵜鶘守在魚梁上，嘴都不濕不應當。那些朝中新貴們，得寵稱心難久長。

雲漫漫啊霧濛濛，南山早晨出彩虹。嬌小可愛候人女，沒有飯吃餓肚腸。」

聞一多在《高唐神女傳說之分析》卻認為這首詩的內容是「一個少女派人去迎接她私戀的人，沒有迎著。」的故事，因此，這是一首「刺淫女也」的詩。

當代作者「万物君」在2023年7月18日在《今日頭條》舖的一篇《大禹和塗山氏為何“通於台桑”？聞一多：是女方主動的》中，按照聞一多的思路，把這詩解作：「鵜鶘守在魚梁上，嘴巴都沒濕，意即沒捉到魚。那個傢伙，他沒滿足我的情欲。南山的彩虹啊，多麼燦爛。美麗的少女啊，太饑渴了，這裏指性。」

根據万物君的說法：

理解《候人》這首詩的關鍵，是弄清楚魚、彩虹和饑的含義。

雖然詩中沒有提到魚，但提到了鵜鶘。鵜鶘的職責是捉魚，嘴巴沒濕，說明沒有捉到。

在古代，常用魚比喻男女：

“豈其食魚，必河之魴？豈其取妻，必齊之姜？”是以魚比女人。

“魚網之設，鴻則離之。燕婉之求，得此戚施。”是以魚比男人。

在本詩中，“維鵜在梁，不濡其咮。”是把自己比作鵜鶘，把等候的人比作魚。

沒有捉到魚，就是沒等到男子，所以緊接著就說，“彼其之子，不遂其媾。”“朝隮”的意思是彩虹。在古代，彩虹是用來比喻女子的。

這中間的道理如下：

古人認為神能降雨，而先妣是天神的配偶，因此要想神降雨，就要求助於先妣。先妣即高禖，商湯禱雨于桑林就是這個意思。漸漸地神的功能弱化，人們便以為降雨的是先妣本人了。而彩虹與雨有因果關係，於是便以彩虹為先妣（高禖）之靈，於是彩虹就成了女子。

至於饑，通常是指腹饑，但在一些情況下指情欲未遂，如：

未見君子，惄如調饑。（《周南・汝墳》）

那麼，情欲得到滿足，就是“食”或“飽”了，如：

乘我乘駒，朝食於株。（《陳風·株林》）

所以，《候人》這首詩的主角也是女人。

8. 候人兮猗

《候人兮猗》是一首古代歌謠，《維基百科》的說法是：

「相傳為大禹在治水工作的途中，遇見一位塗山氏女子。她看見禹，並且深愛上他。但禹也許是因為忙於治水，又也許是出自無意，所以並沒有理會她，便逕自離開，去往南方各地巡查治水的工作。塗山氏女子於是叫自己的侍女到塗山南邊去等候禹的歸來，並唱了一首自己創作的歌曲，名為《候人兮猗》。」

查這段解釋是《呂氏春秋・音初》：

「禹行功，見塗山之女，禹未之遇而巡省南土。塗山氏之女乃令其妾待禹于塗山之陽，女乃作歌，歌曰：『候人兮猗』，實始作為南音。」

《維基百科》續說：「『候人』，就是等待情人的意思。而「兮」、「猗」二字，僅是做為感歎用語。有人稱這首歌為中國第一首女聲獨唱，也有人考證，這首歌，是中國最早的一首南方民歌。」

「候人」指的是「等候大禹」，這是毫無疑問的。問題在於，「兮猗」究竟是甚麼意思？古人惜字如金，莫非真的需要寫上兩個助語詞這麼浪費？

在本文，我翻來覆去地解釋，「兮」就是「女性性器官」，那麼，餘下的，就剩下了「猗」的意思了。

《百度百科》對「猗」字的解釋分別是：助詞，嘆詞，姓例如春秋時代的魯國有人叫「猗頓」。此外，還可解作「依靠」，通「倚」，如《詩經・小雅・車攻》：「四黃既駕，兩驂不猗。」孔穎達在《詩經正義》說：「兩驂之馬不相依猗。」

《百度百科》還說這可解作：「牽引，束而採之。通“掎”。《詩經・豳風・七月》：“蠶月條桑，取彼斧斨，以伐遠揚，猗彼女桑。”」以及「美好盛大的樣子」，如晉朝陸雲寫的《高岡詩四首之一》：「瞻彼高岡，有猗其桐。」還有「加，超越。《詩經・小雅・巷伯》：“楊園之道，猗于畝丘。”」

很明顯，一個單字可可能有這麼多的不同解釋，這只可能是從一兩個基本意義演化出來，還有一些是穿鑿、誤譯的。

要去解釋「猗」的字義，得從其右文「奇」去著手。

誰都知道，「奇」有「特別」，或「與眾不同」的意思，如「奇數」。當然，這種特別，是「美好的特別」，是好事，不是壞事，而且是「有實力」的表現，因此，我們才可以對它「倚靠」。所以，「兩驂不猗」的意思，非但是「兩匹馬並不互相倚靠」，而且還代表了「兩匹分別都是好馬」。

至於「猗彼女桑」的意思，是挑出好的桑樹枝，給你來餵蠶。至於「楊園之道，猗于畝丘」的意思，則是「通往楊園的道路之中，最宏偉的就是『畝丘』這地方了。」

簡而言之，《候人兮猗》的意思，是塗山氏派出侍女，對大禹唱出：「有一個美麗的女人正在等待你。」

當然，《候人兮猗》應該只是歌名，真正的歌曲和歌詞應有一大串，只是當時書寫不便，因此只是簡單地把歌名記下來。

9. 越人歌

《越人歌》是西元前529年之前的作品，比《楚辭》早了二百多年。它的原文是越語，相信是女人的船夫對當地的令尹子皙唱歌：「**濫兮抃草濫予昌枑澤予昌州州䬪州焉乎秦胥胥縵予乎昭澶**

秦踰滲惿隨河湖。」

其歌詞即時被翻譯為：「今夕何夕兮，搴舟中流。今日何日兮，得與王子同舟。蒙羞被好兮，不訾詬恥。心幾煩而不絕兮，得知王子。山有木兮木有枝，心悅君兮君不知。」

子晳聽到這番話後，「上前擁抱，舉繡被而覆之。」

也

1. 女陰

《說文》說：「**也，女陰也。象形。**」清朝訓詁學家段玉裁的注說：「此篆女陰是本義。假借為語詈。本無可疑者。而淺人妄疑之。許在當時必有所受之。不容以少見多怪之心測之也。」

它的甲骨文寫法也是很明顯的一個陰戶：

雖然，現代也有人利用古文字去推斷，指出許慎是把字混淆了，「女陰」是另一個類似「也」字的字，而不是同一個字。此爭拗太過專業，不提。

2. 乸

中文有「乸」字，是由「母」和「也」結合，意即「雌性生物」，「娘娘腔男人」可叫「乸型」，主要是在廣東、潮州使用，粵音是「naa2」，潮州人唸「nuǎ」，普通話拼則是「nǎ」。這字不一定用在人的身上，也可用於其他生物，例如「雌蟹」可叫「蟹乸」。

把「乸」字左右對調，則是「毑」，讀音為「jiě」，是「母親」的意思。釋義為母親。

漢朝學者揚雄寫的《方言》，全稱是《輶軒使者絕代語釋別國方言解》，書內有云：「南楚瀑洭之间，母谓之『媓』、『毑』。」

根據《百度百科》：「娭毑，湖南方言，是奶奶的意思。在湖南稱自己家裏的奶奶以及鄰裡鄉親上了年紀的女性老人都可稱"姓氏+娭毑"，是一種人物名稱的叫法。"毑婆"為客家方言詞彙，意為姥姥，現仍普遍使用。毑是母親的意思，毑婆，就是來自母親那邊的阿婆（姥姥），即"毑婆"。在陝北地區，小輩人通常把母親的孃家叫"毑家"，把奶奶的孃家稱為"老毑家"。」

「毑」的讀音為「jiě」。《說文解字》說：「蜀人謂母為『姐』。」這為以上解釋多出了一條證據。

3. 娭毑

中學時，我有一個很要好的同學，叫「孫德民」，如果我沒記錯，他把外婆喚作「竢毑」，當時我覺得很奇怪，因此記住了。

孫德民好像是江浙人，他的父親叫「孫隆安」，並有叔叔，即是他父親的弟弟，叫「孫隆基」， 是著名歷史學家，代表作是《中國文化的深層結構》。我唸中學時，他在唸博士，在孫隆安家中住了幾個月，我到孫家串門子時，不時踫到他。

根據《維基百科》的「孫隆基」條：「台灣歷史學者，專長是美國史、俄國史、中西文化比較、世界史。精通英文、俄文等。其祖籍中國浙江，出生於重慶，畢業於國立台灣大學歷史學系、研究所，先後獲明尼蘇達大學及史丹福大學之歷史學碩士及博士學位；曾任教於坎薩斯大學、聖路易市華盛頓大學、田納西州孟菲斯大學和加拿大阿爾伯塔大學，現為國立中正大學歷史學系兼任教授。」並沒有記載其母親是哪裏人。

執筆時的2025年，孫德民在中銀香港當環球企業金融部副總經理。

4. 也門

也門王國成立於1918年，位於西南亞，在阿拉伯海和紅海邊緣，與阿曼和沙地阿拉伯接壤。後來政權屢經變換，分裂過，1990年合併成為「也門共和國」。近年，人們把中東國家「也門」改譯為「葉門」，正是因為舊譯法「也」字太過不雅。

屄、妣、牝、皮、婢、嬖、毴

1. 屄

北方最流行的女陰粗俗說法，應是「bī」。現時通常寫作「屄」，婉轉的寫法是「逼」。

2. **妣、牝**

按照郭沫若《釋祖妣》一文，「屄」這個字應出自「妣」，也即是「牝」，通常指「動物的陰戶」。近代中國人常說的「牛匕」，則是把「牝」字拆成兩字。金庸在《鹿鼎記》中寫成了「牛皮」，加上動詞，則是「吹牛皮」。

古人把「死去的母親」稱為「妣」，又或者是「先妣」。由此可見，在當時，這字並沒甚麼貶義。事實上，古人向來有性器崇拜，活像男女性器的天然巨石往往是愚夫愚婦拜祀的對象。此外，今人所說的「很牛匕」，即是「很棒」、「很了不起」的意思，也無貶意。

3. **婢**

另一個同音字，是「婢」，也是女人，有著「卑賤」的意思。《說文解字》說：「婢，女之卑者也。從女卑。卑亦聲。」

《禮記·內則》說：「父母有婢子。」鄭玄注：「所通賤人之子。是婢爲賤人也。」

這個字的演變如下：

從此可以看到，這個字的左邊本來是「妾」字，後來漸漸寫成「女」字，都是解作「卑賤的女人」的意思。「婢」和「妾」的地位相近，往往也會並列，例如《墨子·七患》：「馬不食粟，婢妾不衣帛。」

這字的右邊的「卑」字被認為是用手拿著扇子，應是服侍主人的意思。

4. 嬖

還有一個同音字，是「嬖」，意即「寵愛」。《說文解字》

的相關條文：「便嬖,愛也。」《左傳·隱公三年》說：「嬖人之子也。」這裏的「嬖人」，就是「受寵愛的女人。」

《玉篇・女部》更進一步細分定義：「嬖，賤而獲幸者。」換言之，地位高的如正室，不被寵愛的，都不可叫作「嬖」。

這個字的甲骨文是：

這字解作「活祭的（女）人牲」，當然也有著「地位低下」的意涵，和現代用法的「屄」字相似，都可解作「賤女人」。注意：它的左邊和「婢」字的甲骨文相同，都是從「妾」字。

注意：「妣」、「牝」、「婢」、「嬖」的讀音相同而寫法完全不同，但卻均解作「女人」。

5. 毴

程瞻廬是蘇州人，生於1879年，即清末，死於1943年，即民國之際、日治時期。他是一個文化人，寫過很多不同的文章和小說，其中我唯一看過（而且看過了很多遍），也最有名的，就《唐祝文周四傑全傳》，近數十年影視界所拍攝的所有唐伯虎故事，都是本於這本巨著。

以下是這本書的第四十七回：「打燈謎童僕勝秀才，借服飾大娘窺小叔」。

猜謎的人是個窮秀才，三旬年紀還沒有娶得娘子。平日癡心妄想，可有彩樓上的千金小姐把彩球拋中了他，那才可以享盡人間豔福。他擠入人叢裡看燈謎，偏偏賞識了這一條。以為其中語意是個懷春女子口吻，料想這謎底定是猜著一個女人，猜中了定有美貌佳人跟著他走。他瞧見公館的門條是「尤公館」三字，他便狂呼道：「我猜的便是貴公館裡的尤大小姐，快叫尤大小姐跟我回去成親！」

喊的時候睡沫四濺極態橫生，博得人人拍掌大笑。笑聲完畢，裡面的謎主人冷冷的說道：「先生錯了，這裡面只有尤大少爺，沒有尤大小姐。況且謎條上寫的是請打一物，沒有說請打一人。」窮秀才強辯道：「盈天下皆物也，男有陽物，女有陰物。怎說不是物呢？」謎主人道：「那麼你猜女人便是了。怎說是尤大小姐呢？」窮秀才道；「美貌女人，喚做尤物。所以我猜這一物便是尤大小姐。」

這幾句話又引動著許多人拍手大笑，都說：「想入非非，想入非非。」

祝枝山目力不濟，有時周文賓看了告訴他，有時祝僮看了告訴他。枝山在祝僮耳邊說了幾句話，祝僮便在「想入非非」聲中擠入人叢喊道：「我來猜啊！我來猜！」「我猜錯了。」那時謎主人又在空隙處粘上一紙謎條，眾人見了又是拍手大笑，但見上面寫的：猜謎的都是方巾飄飄的儒生，忽的擠入了一個羅帽直身打扮的書童，大眾都吆喝道：「滾滾滾！你是烏鴉，怎麼擠入了鳳凰淘？」祝僮不去睬他，高喊道：「謎主人，這條謎兒請打一物，即以猜中之物為贈，不是墨麼？」謎主人很起勁的答道：「是墨，是墨！你的心思很好啊！」便揭下謎條，取出一錠四兩重的精製名墨授給祝僮。那個猜尤物的窮秀才討取了這紙謎條，又細細的研究了一下，便道：「不錯不錯，句句都是說墨，並不是說人。我猜錯了。」

那時謎主人又在空隙處粘上一紙謎條，眾人見了又是拍手大笑，但見上面寫的：「郎要脫褲，姐兒倆都是白虎白虎。請打一成語，贈荷包兩個。

祝僮得了一些甜頭，怎肯走開？他想第一個謎兒是大爺教我的，不算希奇。這一個謎兒須得試試我的真才實學。旁的燈謎謎面都是很深的，他看了沒做理會處。這一個謎面卻是兩句俗語，見了誰都知曉，而且謎底是一句成語，並不是四書五經，也許可以猜中的。他騷頭摸耳一會子，要算他心思靈敏，他方才擠入人叢，聽得眾人在說「想入非非」，「想入非非，」他想：「這個燈謎取是猜這一句罷？」便又高聲大呼道：「謎主人，這條郎要脫褲的謎兒可是打一句『想入非非？』謎主人大喜道：「又被你猜中了！」便又揭下謎條，取出一雙不曾繡花的白綾荷包做了謎贈。

祝僮笑嘻嘻的向眾人說道：「你們鳳凰都不會開口，倒是被我烏鴉猜中了兩條。」就中有一位秀才先生向著祝僮拱手請教道：「請問足下，怎麼這條謎兒猜做『想入非非』？」祝僮笑道，「相公，看你是個喝過墨水的人，連這『想入非非』都不知曉，『郎要脱褲』不是要想入麼？」那秀才點頭播腦的說道：「『郎要脱褲，』確是想入。下一句『姐兒倆都是白虎白虎，』為什麼打這非非兩字呢？」祝僮道：「相公又來了，你讀了滿肚子的書，難道這個字都不認識麼？請問相公，你們對於女人家下面的東西叫做什麼？」那秀才道：「這個字讀的聲音是很不雅的，是卑鄙的鄙字，作平聲讀。」祝僮道：「怎樣寫法？」那秀才道：「這個字是《洪武正韻》所不載的，通俗的寫法是寫了一個『毛』字，又寫一個『非』字，便是這個字。」祝僮笑道：「那麼容易明白了，有毛的便是相公口中所說的那個字；無毛的便是『非』字。『姐兒倆都是白虎白虎』，不是『非非』是什麼？」一經祝僮說破，眾人益發笑聲如沸。那個三十歲沒有做親的窮秀才，他沒有領略過裙下風味，卻呆呆的立在燈光下面咀嚼這「非非」兩字，自稱「奇怪奇怪，怎麼白虎白虎便是『非非』呢？這真叫做難題太遠了！」

祝僮得了些彩頭，喜孜孜的擠出人叢來見主人，把一錠墨授給枝山道：「這是大爺猜中的謎贈。」又把一雙白綾荷包放在手中賣弄道：「可惜這兩隻荷包不曾繡花，又沒有鬚頭。」枝山道：「祝僮，你在這分上卻不聰敏了，他們的謎贈都和謎條有關係。你猜得出白虎白虎，他們給你兩隻荷包也是白虎白虎。假使荷包上面有了鬚頭，便不是白虎白虎了。」這幾句話又引得文賓和祝僮都是大笑。祝僮的笑又和前兩回差不多，蹲著身子半晌直不起腰來。

這個謎語的謎底是：想入非非。這得需要解釋：

郎要脫褲，當然是「想入」，但是為甚麼「白虎」是「非非」呢？話說中文俗語「白虎」，意即下陰無毛的女人。根據程瞻廬的說法，女人的陰戶的寫法是一個「毛」字，加一個「非」字，即「毴」。

由此見到，在民國時代，至少在蘇州一帶，「屄」的通俗寫法是「毴」。我的看法是，這個字是象形字，一撮毛加上一個洞，是所有代表女陰的寫法當中最精采的。這應該是象形文字吧，比起「屄」，或是香港人寫的「閪」，其「藝術成份」都高得多了。

最後順帶一提，文首講的謎底是「墨」的謎面，載在上一章的最後，為了大家的閱讀趣味，這裏也一併引出來：

燈節的前三日，各處的糊著絹燈，掛著燈謎，這又是祝枝山心愛的東西，每到晚飯以後，總拖著周文賓去猜謎，一天，尤公館門前粘著一首豔詞道：

「記當初，剔銀燈重把眉兒掃，那其間似漆投膠，可憐自落煙花套，這磨折多應奴命招。全軀恐難保，香肌越消耗。看看捱過今年，捱不過明年了。寄語兒曹，好把芳魄紙上描。請打一物，即以打中之物為贈。」

日、閂、柒、操、直

1. 日、閂、柒、操

「柒」，香港人寫作「閂」，人們一直找不到出處，照上述法則去類推，四川和雲南的「日」，即「入」的意思，是不是「柒」的起源呢？

有一種說法，是「柒」指的是「硬的陽具」，而「笨柒」則是「不應硬時卻硬了的陽具」。

記得在以前，人們會把用髮蠟把頭髮蠟得很硬，叫作「柒頭皮」。我推測，《柒頭皮》指的是「過長的包皮」，這當然不是一件好事，非但骯髒，而且會影響力生育，醫學上有需要割掉。

廣東人把「把事情弄砸了」稱為「柒」，而「柒左」則是其過去式。

四川人有一句粗話，叫「日你先人板板」。「先人板板」的意思，即宗廟上祖先的牌位。罵人者要去「入」對方祖先的牌位，都算是很有創意的罵法。

此外，「柒」和「操」的普通話讀音雖然不同，但是粵音分別是「cat1」和「cou3」，只是一音之轉。因此我有理由懷疑，這兩字的源頭相同。

有一個網紅叫「李子柒」，這是藝名，真名叫「李佳佳」，1990年出生，YouTube訂閱量截至2024年12月24日是2110萬，位居中文頻道之首，證明這也不一定是壞字。

2. 直與直娘賊

《水滸傳》中，「花和尚」魯智深很喜歡罵人「直娘賊」。在第三回中，他說：「**直娘賊，還敢應口！**」在第五回中：「**那大王卻待掙扎，魚智深把右手捏起拳頭，罵一聲：『直娘賊！』連耳根帶脖子只一拳。**」第十七回：「**這直娘賊殺洒家，吩咐寺裏長老不許俺挂搭！**」

「直娘賊」當然是罵人的話，但這究竟是甚麼含意呢？

「百度百科」的解釋是：「直」通「值」，是「賣」的意思。宋代鄉村裏一種不設座位的小酒肆，叫作「直賣店」，所以「直娘賊」的「直」取了「直賣」之意，是指「不知廉恥，把娘都賣了的狗賊。」

在今時今日，也有「直賣店」的說法。不過，把「直娘賊」的「直」字，變成為「不知廉恥，把娘都賣了的狗賊」，未免扯得太遠，而且在粗口之中，也從來沒有罵人「把娘賣了」的說法。換言之，這不符合粗口的慣例。

這其實很簡單，「日」在陝西省一帶唸作「zhí」，通常寫作「直」，「直娘賊」就是英文的「mother fucker」，逐字解釋就是「fuck mother man」，中文的「賊」，也可解作「男人」。

按照字面解釋，一個人不管曾經和母親發生過性關係，不管是一次還是幾多次，都可叫作「直娘賊」。但是，作為「-er」，即是已經卓然成家，只有常常「fuck mother」的人，才能夠成為「mother fucker」，只fuck上一次兩次的，是沒有資格做「mother fucker」的。

不過，這名詞也有語意含混的地方，因為它並沒有標明，這位仁兄究竟專門fuck的，是自己的mother，抑或是別人的mother，也可算上嗎？

岔開講講：日本人的國罵，是「馬鹿野郎」，中文音譯是「八格耶魯」，意即「蠢材」，這恰好證明出，日本人很介意別人罵自己笨。中國人的國罵，則主要是和對方的母親發生性行為，例如說，操你媽、幹你娘、辣塊媽媽、屌你老母之類。這罵法這其實很笨，皆因三歲小孩的母親也許姿色不俗，但我們也不會「問候」三歲小兒的母親。被「問候」的多半有一定的年紀，其母親縱使不醜，也不會年輕，如果罵者真的把其粗話實踐，可就頭疼了。

所以，有的爛人甚至豁開去回罵：「我的母親就在家中，你隨便來！」

所以，「mother fucker」和「直娘賊」是比較聰明的罵法：你是和母親發生性關係的禽獸，既罵了你，也侮辱了你的母親。這可省略了「我操你的母親」所衍生出來的現實麻煩。

《金瓶梅》第四回「赴巫山潘氏幽歡／鬧茶坊鄆哥義憤」中，王婆罵鄆哥道：「賊肏娘的小猢猻！你敢高做聲，大耳刮子打出你去。」這句「賊肏娘」，就是「直娘」的意思。

3. 日文的mother fucking

日本人對「mother fucking」的行為，稱為「芋田楽」，皆因芋頭是無性繁殖，從母體增生出來的芋子，活像陰莖插進陰戶的模樣。

比較現代的說法則是「母娘丼」，又稱「親子丼」。

「母娘丼」指的就是「母子亂倫」，不少AV以此為主題。

「親子丼」則真有其食物，指的是先將雞肉用醬油、砂糖、味醂等調味料醃漬後，再以高湯煮過，最後淋上蛋液，擺到白飯上的蓋飯料理，因為同時使用雞肉、雞蛋，所以叫做「親子丼」。東京最有名的店叫「玉ひで」，地址在中央区日本橋人形町1－17－10，營業時間是11:30至13:00，晚上則是17:00至22:00，我去過一次，排了半小時隊，後因移動速度太慢，又因當時是獨個去吃，一個排隊太悶，覺得絕望，跑了，沒吃。

乎、夫、孚

1. Phu

用性器官或性行為來作助語詞，是很多語言的慣用說法，例如說，英文的「fuck」，是其最常用的助語詞。

當然，英文也有與性無關的助語詞，例如「hell」，也有一些語文並沒用性有關的字作助語詞，就我所知，日本就沒有用性器官來作粗口的說法，頂多是罵人愚蠢，例如「馬鹿野郎」。

我懷疑，中國古代的流行助語詞，全都是與性有關，例如我寫過的「且、者、些、嗟、啫」，都是助語詞。至於「之乎者也」的「乎」字，如《論語‧陽貨》說：「**食夫稻，衣夫錦，放女安乎？**」這很可能也是潮州話的「phu」字，也是「操」的意思，例如「phu你阿媽（「媽」讀作「麼」）。

2. 古無輕唇音

清朝學者錢大昕（1728年至1804年）提出了一條聲韻學的理論：「古無輕唇音。」

根據這說法，上古時期的唇音聲母只有「幫」組「重唇音」聲母，沒有「非」組「輕唇音」，即是沒有「非（pf）、敷

（pf）、（v）、微（w）」，應讀作「幫、滂、並、明」。既然它沒有「f」音，那麼，「乎」字的古音，就是時潮州話的「phu」。

3. 甲骨文

在甲骨文，「乎」字是一個「T」上面加上小小的三豎。對比「兮」字，則只有兩小豎。可以看出，「T」字外表也很像陽具。

篆體字：

金文：

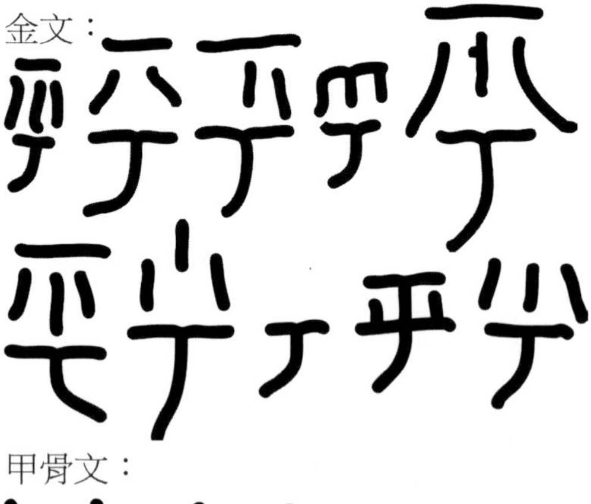

甲骨文：

我當然會把「T」解作「陽具」，但坊間則解作「號角」：「乎」的三豎代表很有力地去吹，「兮」的兩豎則代表很無力地去吹。我覺得這說法至少不比我的說法更靠譜。

在《說文解字》，這個字則寫作「虖」：

這很明顯，是「乎」字加部首「虍」。這個字是「虎皮的斑紋」的意思，作為部首，其字包括了：虎、虜、虐、慮、虔、虒、虓、虛、虖、處、虘、慮、虗、虣、虛、虡、虞、號、虜、猇、虢、䖙、䖘、戲、虢、虧、彪、號、黸等等，並沒有一定的意思，很可能只是代表了音符，好比香港粵語也有「啲」、「嘅」等等的音符字。

4. 夫

「夫」字的本義是「成年男子」，甲骨文的寫法是：

但它同時也是助語詞，如前文引過《論語・陽貨》的那句：「**食夫稻，衣夫錦，放女安乎？**」我認為，「夫」本來是「乎」

的另一寫法。

5. 孚

另外一個很像的字，是「孚」。以下是這個字的古文寫法，大家可看出，「孚」字很像是這個字的簡寫。

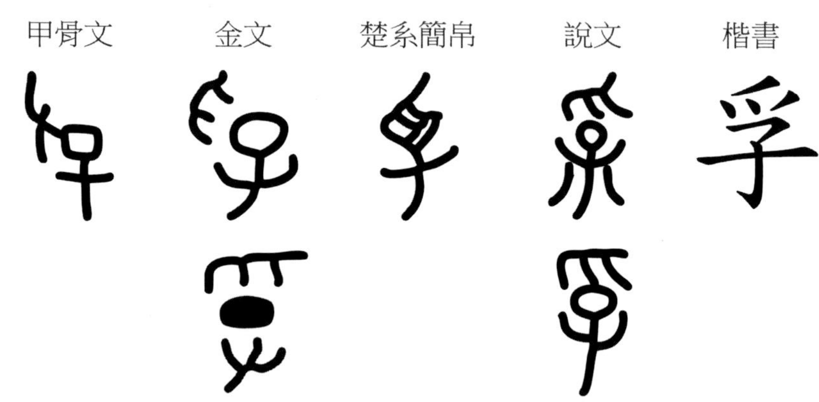

「孚」字古代有兩個意思，一指「相信」，《爾雅》說：「信也。」

《詩經・大雅・文王》說：「萬邦作孚。」這裏的「孚」字也解作「信服」，或「臣服」。從另一角度看，「臣服」和「俘虜」有著相近的意思，因此「孚」字也解作「俘虜」，例如《小盂鼎》的銘文：「孚人萬三千八十一人。」

正如女奴的「奚」字可以解作女陰，俘虜應是男人，因此，「孚」字不排除可解作「陽具」。

屌、了、鳥

1. 了

我在本書有一假設，就是上古時代的所有助語詞，都是性器官，今天也是一樣。

《百度百科》對「了」字的說法是：「為象形字，一說象形兼會意。其本義不詳，現今又作為語助詞用，其本義便更加逐步晦而不明。其字源說法眾多，以下三種為常見說法……本義為走路時足脛相交……本義為門窗上的彎掛鉤……像是沒有雙臂的孩子（即“子”字沒有中間表示雙臂的一橫）；類似於此意還有孩子痙攣，手腳蜷曲，無法伸直；或小兒兩臂及兩足皆捆縛於繈褓之中，會收束之意等等。」

我不明白這些古文字學家為何有如此豐富的聯想力。話說小篆的「了」字，上面是一個圓圈，下面連著一條略彎的「直」線。

照我看來，它活脫就是一副陰囊，下延一條陽具。《鹿鼎記》中，目不識丁的主角韋小寶寫「小」字，點了兩點，中間一條，他笑說這豈不正是「那話兒」，其象形正與「了」字的小篆相彷彿。

2. 㕧

有趣的是，另有一個差不多的字：「㕧」，解作「屁股」。如果把「了」字作為「陽具」解，則這個「了」+「口」的象形就通了。

字典說，「㕧」是「𠰺」的訛字中文拼音。南朝時顧野王寫的《玉篇》的「𠰺」字條目說：「都穀切，音『篤』。俗『豚』字，與「臀」通」。

3. 屌

中文文法向來是動詞和名詞不分，兩者可以互用，例如王安石在《泊船瓜洲》那句有名的「春風又綠江南岸」中的「綠」字。

同理，廣東話的「操」則會說成「屌」，這字原意是「陽具」，從名詞引申成為動詞，讀「diu」。香港人會說：「我車你回家。」意即：「我開車載你回家。」這個「車」字，本是名詞，在這裏則變成了動詞。

香港人把這字寫成「廣東人也偶有讀成「挑」（tiau），皆因誤把這讀法以為是「diu」的婉轉詞，然而，江西話也把這個字讀成「tiau」音。

中文本來就是動詞和名詞不分，這沒甚麼出奇之處。最大的懸念反倒是：這個字的出處為何？

我的看法是：「吊」本來意指懸掛在體外的陽具，後來引申為「懸掛」的意思。我相信，這個字應是來自小篆的「了」字，試想想：懸掛在身體外面的陰囊和陽具，豈非是活脫脫的「吊」嗎？

正是由於它到了後來，引申出了「吊」，即「懸掛」的含義，它的本義「陽具」，只有加上專門用來表示性器官的部首，變成了「屌」字。

中國的部首偏旁，往往都是如此由來，沈括在《夢溪筆談》卷十四說出了中文的造字原則：「王聖美治字學，演其義以為右文。古之字書，皆從左文。凡字，其類在左，其義在右。如木類，其左皆從木。所謂右文者，如『戔』，小也；水之小者曰『淺』，金之小者曰『錢』，歹之小者曰『殘』，貝之小者曰『賤』。如此之類，皆以『戔』為義也。」

最後一提：「吊」字和「憑弔」的「弔」字往往被人混淆，誤寫作一字。

4. 鳥

「了」究竟是不是「陽具」，只是我的猜想，沒有肯定的答案。可是，「鳥」指的是「陽具」，和廣東話的「屌」字同源，卻是肯定的。

在山東方言，「鳥」也是唸「diao」的三聲，這其中在《水滸傳》中，出現得最多，如鳥人、鳥官、鳥漢子、鳥歪貨、呆鳥等等。

第七回「花和尚倒拔垂楊柳／豹子頭誤入白虎堂」中，魯智深說：「你那伙鳥人，休要瞞洒家，你等都是甚麼鳥人，來這裏戲弄洒家？」

第三十回「施恩三入死囚牢／武松大鬧飛雲浦」中，武松說：「休言你這廝鳥蠢漢，景陽崗上那隻大蟲，也只打三拳兩腳，我兀自打死了。量你這個值得怎的！快交割還他！但遲了些個，再是一頓，便一發結果了你這廝！」

第四十一回「宋江智取無為軍／張順活捉黃文炳」中，李逵說：「好！哥哥正應著天上的言語！雖然吃了他些苦，黃文炳那賊也吃我殺得快活。放著我們有許多軍馬，便造反怕怎地！晁蓋哥哥便做了大皇帝，宋江哥哥便做了小皇帝。吳先生做個丞相，公孫道士便做個國師。我們都做個將軍。殺去東京，奪了鳥位，在那裡快活，卻不好！不強似這個鳥水泊裡！」

在元朝時代的戲曲《西廂記》中，紅娘等到張生來了，說：「那鳥來了。」

2015年5月17日，陳凱文在一篇題為《點解講粗口・補遺》中指出了「鳥」字的古音：

「鳥」字的讀音本來就是跟「屌」發音一樣，《大宋重修廣韻》記載的反切為【都了切】，直到明代《洪武正韻》才有現在的【尼了切】一讀，相信這是後來才發展出來的避諱音，《康

熙字典》則是兩個讀音皆有收錄，上海話至今仍把「鳥」視作破音字，【尼了切】視作文讀、【都了切】視作白讀。故，《水滸傳》用「鳥」字，是因為該字的本讀跟「屌」一樣。

閌、尿、靠、尻

1. 閌與尿

香港人寫的「閌」字，粵語讀作「gau1」，意即「男人的陽具」。

《康熙字典・尸部・七》則引用明朝學者梅膺祚所撰字典《字彙》，寫「尿」：「渠尤切，音裘。男子陰異名。」這應該是比較正式的名詞。

這本來是「陽具」的意思。照前文講過，中文名詞、動詞不分的語法，則它也會用作動詞。在河南，它讀作「靠」（kau），四川話是「qiu2」，山西話則是「qiou1」，正是意指「以男性作主導的性行為」，好比廣東話的「屌」，或北方人說的「操」。

2. 廣東應用

在廣東話，有「濕閌」的說法，字面上的意思是「男人在非陰道性行為的情況下的射精」， 這包括了夢遺、早洩、手淫等等。例如說，「濕閌點呃到老和尚」，意即小和尚手淫，瞞不了心中有數的老和尚，以喻新手的行為騙不了老江湖。

此外，「濕閌」也有「事情砸了」的意思。廣東人常會有

「呢次濕了」之嘆。

有人說，「閃」特別指的是「軟的陽具」，而「戇閃」則指「不應軟而軟的陽具」，也可以用來形容「戇直」更蠢的人。

廣東俗語有所謂的「閃擰擰」，「擰」音「fing」，即「條狀物呈搖擺的狀態」，例如說一條物件在「吊吊擰」。「閃擰擰」喻男人遊手好閒不做事。很明顯，只有軟的陽具，才可以「擰擰」。

小時候常有的俗語是「戇閃閃，行路上廣州」，說的是1925年6月至1926年10月，十多萬工人參與「省港大罷工」，由於港英政府下令九廣鐵路停駛，參與者只能步行離開香港，到廣州去。

還有，廣東話的「賓周」，意即小孩子的未發育的性器官，通常的說法是這來自古文的「不周」，即「不完全」。但我卻總覺得這說法不妥。這個「周」字是否出自前述的「kau」字呢？而「賓周」即是「笨𡳞」？待考。

3. 鳩與尻

我在《雎鳩與鳩》一文寫過，早在周朝時期，人們已常用「鳩」這種鳥類生物，來形容男人性器官。

另一個接近的字則是「尻」，指的是「脊骨尾部」，或是「屁股」，國語讀作「kāo」，廣東話則讀作「敲」，也有讀作「鳩」。由於字形和相近、讀音相同，很多人都會把它和「𡳞」字混淆。

自古以來，政治上的壞人會叫作「姦宄」，《尚書·舜典》說：「**鑾夷猾夏，寇賊姦宄。**」孔安國的傳說：「**在外曰『姦』，在內曰『宄。』**」孔穎達疏：「**寇賊姦宄，皆是作亂害物之名也。**」

這個「宄」字讀作「guǐ」，和「鬼」同音，也即是讀作「奸鬼」。在廣東方言，往往把壞人讀作「奸鳩」，相信是「姦宄」的誤讀。

卵、𡳞、撚

1. 卵

廣東話的「陽具」，有3種讀法，分別是「撚」、「鳩」、「㞗」。

「撚」，粵語讀作「lan2」和港人寫成「鬮」，原形很可能來自「卵」字，不過，「卵」字的本義是「雌性生殖細胞」，得與雄性的精子結合後，才可產生後代。後可產生第二代。這說法似乎與「陽具」的意義不合。存疑。後泛指卵形的、橢圓形或圓形的東西。

第一個用「卵」字來罵人的記載，是《左傳・哀公十六年》，講述楚國貴族白公勝作亂，帶兵殺入首都，子西對大臣沈尹諸梁評論白公勝：「**勝如卵，餘翼而長之。楚國，第我死，令尹、司馬，非勝而誰？**」

「白」是「勝」這個人的封地，子西則是他的叔叔。前者因國內政治鬥爭而流亡鄭國三十多年，後來政治平定了，子西召他回國，因此算是對他有恩。至於「勝如卵」的意思，則是「勝像蛋一樣」，意即脆弱，「餘翼而長之」則是「在我的羽翼下被庇護長大」。這並沒有「陽具」的意思。

白公勝刼走了楚惠王，意欲立他的叔叔子閭為楚王，子閭不肯登基，被殺。沈尹諸梁則帶兵打敗了白公勝，後者自殺。

「沈尹」是姓，「諸梁」是名，字「子高」，其封地在「葉」。劉向在《新序・雜事五》寫了「葉公好龍」的故事：「葉公子高好龍，鉤以寫龍，鑿以寫龍，屋室雕文以寫龍。於是夫龍聞而下之，窺頭於牖，施尾於堂。葉公見之，棄而還走，失其魂魄，五色無主。是葉公非好龍也，好夫似龍而非龍者也。」

2. 屌

明朝學者梅膺祚所撰字典《字彙・尸部》則寫作「屌」清朝的《彙集雅俗通十五音》說：「屌，**男子陽物。**」《正字通》則說：「屌，舊註良慎切，音吝，閩人謂陰也，按方俗語有音無字，陰不必別名屌……」

「屌」字這應是來自閩南，從東莞傳入香港，成為了港人最常用的粗口助語詞。如果你去廣州，將會發現廣州人比較常用「閪」字作為助語詞，與香港有明顯的分別。

3. 撚

香港人寫作「撚」，內地則寫作「捻」，兩字同音同義，

根據《百度百科》，這字有兩個解釋，一是「用手指搓轉」，如「撚麻繩」，二是「搓成的條狀物」，如「燈捻兒」。

這即是說，這個字有「條狀物」的意思。

在香港，這是一個常用字。《維基百科》說這個字：「本來

意思包括用手指摸、撥、捏、拎起嘢，同埋某種彈撥琴弦嘅指法……常見於詞語撚手小菜（拿手餸菜）、「撚雀」（養雀為樂）、「撚化」（整蠱）；經常假借嚟代替近音字「𡳞」（讀「lan2」）。」

在近代香港俗語，這字也作「人」、「男人」，即英語的「man」解，例如「哲學撚」即「讀哲學系或研究哲學的人」，「耶撚」即「信奉基督教的人」。這當然是脫胎自其「陽具」的意思。

清朝時，有一個反政府武裝勢力，稱為「捻軍」，活躍於長江以北的安徽、江蘇、山東、河南四省，起於1853年，1868年被全數殲滅。由於它是由多股很小規模的戰鬥團體所組成，因而得到這個名字。

尸與門

一直以來，性器官作為助語詞都是使用「尸」作為部首，如𡳞、㞗、屄，至於用「門」來作部首的「𨳒」，「𨳊」，「𨶙」，「𨳍」，「閪」，合稱為「小狗懶擦鞋」，則應是近代香港人的發明，只有幾十年的歷史。

哉

1. 用法

《說文解字》說：「**哉，言之閒也。**」即是說，這是助語詞，沒有意思。

雖然沒有意思，但也有用法，一是感嘆，例如《易經・乾卦》的：「**大哉，乾元！**」二是疑問，例如《詩・王風・君子于役》：「君子于役，不知其期，曷至哉？」

我相信，在今天，大家最為熟悉的「用法」，應是一些日本人也用了這個字來做名字，最有名的應是「木村拓哉」。這個「哉」字，平假名是「や」，讀作「ya」，也是一個助語詞。這即是說，日本人用本族語言的助語詞去譯漢語的助語詞。

可是，正如我說過很多次，助語詞必然有其本意，只是後來人們把這本義當作了助語詞，正如現時中國的助語詞，頗為不少與性器官與性行為有關。但當然，當我們把這些粗話當作助語詞用時，很少會想及其本義。

2. 篆文

金文的「哉」字是這樣的：

它分為三部分，一是「戈」，即「兵器」，一是「口」，即「大聲呼叫」，這兩部分的解釋是公認的。第三部分是其左上角，有人認為是這是「土」，即是「田地」的意思。另一說法則是「繩結加上絞架」。

至於這字的本義，共有兩種說法：

一是根據其左上是「田地」，於是得出「軍隊持著兵器，在土地上發出的集體呼聲」。

二是根據其左上是「繩結加上絞架」，於是得出「被絞刑或被兵器斬刑的人發出的哀號」。

根據我一向的論述：所有古代助語詞都是粗話，從而得出，應是「二」的解釋比較符合。用這說法，則這字應解作「殺千刀」，或現代廣東話的「仆街」，英文的「God damned」。

3. 口

、「口」字在甲骨文，有著「用作祭祀的肉」的意思。例如「冊」字下加上一個「口」字，指的是「用來祭祀的肉」，所以後面常常加上「牛」、「羊」，或者是「人」或「羌」，即「用來祭祀的（羌族）人」。如「其『冊口』（上下寫成一字）千牛？其降『冊口』千牛、千人？」

所以，「冊」字有著「把骨頭／肉拆出來，依次排列」的意思，因此後來引申出「典冊」，或「手冊」，變成「書籍」了。

推論下去，中文有「人口」，或「牲口」的用法，可能都是用來吃的肉。李碩在《翦商》中提出：「周」字是「用」字加上「口」字，而「用」指「殺掉獻祭的人或牲畜，如『用羌』或『用牛』……」也許「周」字的起源，就是因為周人的專業，就是為商朝抓（羌）人來作祭祀。

甲骨文的「丁」字有好幾種寫法，一是一個倒三角形，一寫作「个」，另一則是「口」。相信因此原因，我們現在把切成四方形的肉粒，也寫作「丁」，例如「五香肉丁」。同樣原因，丁口、人口、家丁、拉壯丁等用法，證出「丁」、「人」、「口」這幾個字是相通的：都是指階級低下的人等。

4. 哉與咸

對照「哉」字和「咸」字的甲骨文，發現兩者極其相似，都是一把「戈」，即兵器，加上一個「口」字：

我在「咸濕」文中，講過李碩學者認為，「咸」卦講的原意就是周文王看到長子伯邑考被商人生祭。如果「哉」和「咸」是同一字，則進一步證明了這字就是「殺千刀」的意思。

咸濕

1. Hamshop

廣東話有「咸濕」的說法，意即「好色」。但是，「咸濕」究竟是甚麼意思呢？

《百度百科》的說法是：「“鹹濕”這個俚語，年青一代只知其然，不知其所以然。《羊城晚報》的《晚會》版曾刊有識者的考證文章，謂“鹹濕”源於英語hamshop（滬人譯為“鹹肉莊”，指妓院）的譯音。“鹹濕”還有另外一個典故。話說清民年間，廣州的下層市民——苦力、工人、學徒等工餘找樂子，也要解決生理需要，彼輩全不理會天氣炎熱，常常渾身臭汗地鑽進妓院裡，炮寨（下等妓院）的姐兒事後少不了拿他們尋開心，笑話這些又鹹又濕的漢子“擒擒青”（魯莽急色），由是“鹹濕”融入淫穢下流的語境從妓院流出坊間。“鹹濕”後來簡化為“鹹”構成“鹹片”、“鹹豬手”等俚語，它不但是粵人形容淫穢的獨特說法，還是一個很有趣的語言現象。眾所周知，漢語無所謂性、數、格，自然也沒有詞性陰陽之分，但在語境中還是有區別的。例如“鹹濕”僅指向男性，相對而言形容女性時，輕者叫“姣”，意思是妖媚，如“又怕生仔又發姣”，重者叫“淫蕩”。因此在粵方言中沒有“姣佬”或“鹹濕婆”的說法，倒不是現實中沒有這類角色，而是粵人不興這樣說。」

最近有很多網路的文章都說粵語“鹹濕”這個詞元出自英語hamshop，引起了我的興趣。查了一下各大詞典，居然找不到這個詞。搜了一下谷歌，發現連“鹹濕”的詞源也是不確定的。

在《知乎》，名為「布法羅比爾」的「美食家；頭等艙以及有趣的車和頂級酒店愛好者」在2020年4月26日的說法則是：

「英語不存在hamshop這個詞。這完全是中國人在以訛傳訛。很多英語的詞源etymology討論中，都認為hamshop來自清朝末年去過廣州或者香港的英國人小範圍流傳的俚語，來自粵語。這個英文詞從來沒有用於指代“妓院”。用來表示“妓院”的另外一個詞是"cattle shop"（牲口店），詞源學家認為可能hamshop用了這個詞來轉換，剛好有一個shop的喻意在裡面。大部分詞源學者都同意“ham”不可能在英語裡面暗喻“性”或者“妓女”，因為火腿明顯沒有cattle的鮮肉好。結論：hamshop這個小範圍流行的英國俚語來自粵語“鹹濕”，而不是反過來。」

另一位叫「木火通明」的回應說：

「咸濕來源於咸池這種說法比較令人信服。咸池在中國玄學中代表風流好色。說鹹濕來源於英語是以訛傳訛，因為這個詞通行於兩廣粵語區，而不止廣州一帶。試問如果是英語音譯過來，又怎可讓遠在梧州肇慶雲浮茂名等廣大山區的人也用這個詞呢？當時交通並不便利！我記得小時候那些八九十歲老人都知道咸濕是什麼意思，由此可見這個詞是相當古老的，不會是近代由英語音譯過來。」

布法羅比爾的回應是：

「粵語裡面用“鹹濕”來形容“下流”，“淫賤”，起碼在清朝以前就已經有了，絕對跟什麼外國人或者英語沒有半毛錢關係。我堂姨媽一百多歲，來自夏威夷，就很嫻熟地用這個詞，那邊的華人大多來自中山，而且對粵語的保留非常完善，沒有受近代的任何影響。美國的老僑甚至現在還有在說1930年代的粵語的。

2. 濕

首先說「濕」。

中醫向來有「濕毒」的說法，意即一種隱藏在體內的毒性。例如說，「疹」是皮膚病的一種，給風吹到而生的叫「風疹」，生了會變成麻子（即廣東話說的「豆皮」）的叫「痲疹」，起膿疱的皮膚病叫「疱疹」，至於蘊藏在體內，自發出來的，就叫「濕疹」了。中國人認為，濕疹就是由濕毒而引發出來的「疹」，這些所謂的「濕毒」，也即是現代醫學所說的免疫力問題。

中國人也有所謂的「風濕」。「風」在古代中文，是「空氣」和「空氣流動」的意思，「風濕」就是因為空氣流動，例如說，打風下雨，引致了體內的「濕毒」發作出來，所以叫作「風濕」。

廣東人也有「陰濕」的說法，意即這個人會偷偷的去做一些不好行為。廣東人都知道，「陰濕」和「陰毒」是有著小許不同的，「陰毒」含有「毒辣」的意思，「陰濕」則是一種性格、習慣，近乎病態。

總括而言，「濕」就是在體內累積的病源。

3. 好色病

到了這裏，「咸濕」的字面意思，也就呼之欲出了：雖然凡是男人，皆是好色，但如果那人比但比別人更加好色，而且還有隱藏不知的好色部份，而且更加是好色到了骨子裏，醞是到達了病態的程態，那就是咸濕了。

簡單點說，「咸濕」就是「好色病」的意思，而這種好色是深入心裏的，也近乎病態的。

4. 咸

那麼，究竟甚麼是「咸」呢？又或者說，「咸」為甚麼會和「好色」扯上關係呢？

我找不出確切的答案，畢竟，中國向來有「五行相尅」的說法，五臟六腑都有代號，例如說，脾氣，肝火盛，腎水不足，或者古時的「咸」在中醫的眼中，代表著「好色」，也說不定。

然而，在《易經》之中，第三十一卦叫「咸卦」，卻可能是一條線索。

5. 咸卦

在解釋甚麼是「咸卦」之前，我們首先快速地介紹一下，甚麼是「八卦」，甚麼是「六十四卦」？

大家知道，八卦的每一卦，均是由三條線組成的。每一條線，有兩種變化，

或連著，或斷開，相連的就是「一」，斷開的就是「- -」。在卦象上，相連的線「一」代表了「陰陽」的「陽」，而斷開了的線「- -」，即代了「陰」。

所以，如果我們要占卦時，隨便找一樣東西，例如擲硬幣，正面代表了「陽」或「一」，反面則代表了「陰」或「- -」，只要擲一次，就可以得出代表了一條線的卦象來。如果沒有硬幣，擲甚麼東西都成，甚至可以「猜程尋」，贏了是陽，輸了是陰，或者是從門後走出來的人，是男人還是女人，是單數還是雙數，都可以。所以，萬物都可以用來卜卦。

八卦則由三條線組成，因為三條線一共有8種變化，頭兩卦是乾卦（連連連），和坤卦（斷斷斷），是為之「乾三連，坤六斷」。其餘的6種變化是：震（斷斷連）、巽（連連斷）、坎（斷連斷）、離（連斷連）、艮（連斷斷）、兌（斷連連）。

用一枚硬幣，可以擲出一條線，以此類推，把這一枚硬幣擲上三次，便可以得出三條線，也即是擲出八卦的其中一卦了。

在算命的世界，八卦可以代表了世間萬物，例如說：乾為天，坤為地，震為雷，巽為風，坎為水，離為火，艮為山，兌為澤。又例如說，乾為首，坤為腹，震為足，巽為股，坎為耳，離為目，艮為手，兌為口……數之不盡。在這裏，我們需要知道的，就是乾是父親，坤是母親，震是長男，巽是長女，坎是中

男，離是中女，艮是少男，兌是少女。

八卦是3條線，而《易經》所載的六十四卦，即是八卦的複雜化，那是兩個八卦加起來，分成了上、下兩部份，每部份3條線，即是6條線，八八六十四，一共有64條線，即共有64種變化。

6. 取女

「咸卦」就是《易經》的第三十一卦，分別由上部份的「艮」和下部份的「兌」合組而成。

前文說了，「艮」代表山，最高的山，兌卦代表「澤，濕潤的「澤」。此外，「艮」也可以指「少男」，兌也可以指「少女」。換言之，咸卦就是山和水合在一起，少男和少女合在一起。

《易經》說：「咸，亨利貞，取女吉。」

所以說，這是一支上上的姻緣籤，適合「取女」，即得到女人，自然也適合「娶老婆」。而照我，周顯大師的說法，「取女」不一定是代表了「娶老婆」，自然也包括了「溝女」，或「得到女人」。

7. 感

解釋《易經》的《彖傳》說：「咸者，感也。柔上而剛下，二氣感應以相與，是以『亨利貞，取女吉』也。天地感而萬物化生，聖人感人心而天下和平。觀其所感，而天地萬物之情可見矣。」

在古文，「感」字向來有「性交」的意思。《河圖稽命徵》有這些記載：「握登見大虹，意感，生帝堯舜於姚墟。」「修己見流星，意感，生帝戎文禹，一名『文命』。「扶都見白氣貫日，意感，生黑帝子『湯』。」「大任長人感己，生文王。」

換言之，這是一支感性和萬物化生之卦，也即是愛情和交合之卦。

8. 卦象

好了，現在輪到看它的卦象了。

初六：咸其拇。

六二：咸其腓。

九三：咸其股，執其隨，往吝。（按：「股」是大腿，會放屁的那部份才叫「屁股」。「隨」和「隋」是同一個字，《說文》：「隋，裂肉也。」裂開的肉，就是「屁股」。順帶一提，當時的人認為屁股是大腿的附帶部份，故而引生出「附屬」之義，如隨從，跟隨。」

九四：貞吉，悔亡。憧憧往來，朋從爾思。

九五：咸其脢，無悔。

上六：咸其輔頰、舌。（按：臉蛋是頰，眼睛和耳朵之間是「輔頰」。）

按照字面的意思，依次就是：

1．咸手指。

2．咸小腿。

3. 咸大腿，跟著順勢去咸屁股，對方有點「吝」嗇，也即是有一些反抗。

4. 好兆頭，對方的後悔和反抗沒有了。對方十分迷惘，順從了你的意思。

5. 咸背部。

6. 咸臉蛋和舌頭。

在以上，我故意不去解釋「咸」，因為我不想誤導了其本意，而是想讀者自我體驗，也感覺出「咸」，就是「咸濕」的意思。

不消說的，「咸其舌」放在最後，相信也即是濕吻，因為這是體液交流，當然又比先前的各種「咸」又深了一層。

7. 甲骨文

「咸」字在古文，是「一同」的意思。《詩經・魯頌・閟宮》說：「**敦商之旅，克咸厥功。**」意即「參與討伐商國的軍人，全都可以獲得功勳。」《國語・魯語上》說：「**小賜不咸。**」意即「小的賞賜用不著人人有份。」

甲骨文和金文的「咸」字是右部是「戌」，也即是斧鉞一類武器，左下是「口」。

這字的象形有很多不同的解法，《百度百科》說：

可視為以武力佔有土地，則地之所生、人之所產皆屬我有，故”咸”有皆、全之意。還有人認為“戌”這種兵器不是用於殺人而是為了表現貴族的威儀而製作的。則“咸”字的創意就可能與儀仗隊的行為有關。儀仗隊不但步伐整齊，而且口號響亮，所以就利用其全體發出一致而同樣的聲響來表達全部與一起的意義。“吶喊”的“喊”字使用咸與口組合，應該是有所關聯的。

也許，這只是在刀斧之下，人們被迫齊心齊口，而不是心甘情願。注意：「咸」字向來有「全部」，即英文「all」的意思。引申下來，齊心齊口演變成男女關係，加上了「心」就成為兩人共同的「感」情了。

8. 腎水

從以上的解釋歸納起來，就是咸卦是一支很咸濕的卦象，而「咸濕」的來源就是「咸卦的濕毒」。

有一位叫「李泰璟」的讀者提出了「咸」和「腎」的關係：「咸味入腎經，因風流致病，大概都關個腎事。可能有德行的中醫把腎病／風流病美名為咸濕吧？」

在中國人的五行觀，甚麼都可以用金、木、水、火、土這五行去代表，所以，五行和五臟、五味是相通的：金是肺，是辛味，木是肝，是酸味，火是心，是苦味，土是脾，是甘味，至於水，則是腎，所以才有「腎水」的說法，而腎水則是咸味的。腎水代表了身體的液體，如尿、汗、淚、精液等，這些液體都是帶有咸味的，不消說，既然腎水包括了精液在內，它也包括了性能力。

如果風濕而因為風吹而引發起身體內的機能毛病，那麼，被引發出來的好色病，當然也是同腎有關，也就可以被稱為「咸濕」了。

至於《易經》中的咸卦究竟是不是和古時的陰陽五行也有關係，是不是來自腎水的「咸」，那就不得而知了。

無論如何，我很感激李泰璟讀者，如果說，我解決了「濕」這個字，則是他解決了「咸」這個字。「咸濕」的解法，我們各佔了一半。

我的這種解法，比起前人的所有解釋，都是合理得多，從來沒有一個人提出過比我這更合理的說法。說起來，前人的解法實在太過穿鑿附會，例如說火腿店hamshop就是妓院，苦力們滿身又咸又濕的臭汗去嫖妓之類，均是太過牽強，不值一提。

9. 周文王與伯邑考

以上解釋了「咸」字在廣東話俗語「咸濕」中，作「色情」解，而這解法來自《易經》。然而，這究竟是《易經》中「咸卦」的本意，抑或是它原來另有意思，卻被後人歪曲了原意呢？

李碩在《翦商》一書，指出周文王作《易經》，是用來記述他被商朝囚禁時所親歷和目睹的事件。這就是《史記・周本紀》所說的：「**西伯蓋即位五十年。其囚羑里，蓋益易之八卦為六十四卦。**」

在這段期間，商朝的國君紂王甚至殺掉了周文王的長子伯邑考，並且強迫周文王吃掉兒子。西晉的皇甫謐在《帝王世紀》中說：

囚文王。文王之子曰「伯邑考」，質於殷，為紂御。紂烹為羹，賜文王，曰：「聖人當不食其子羹。」文王食之。紂曰：「誰謂西伯聖者？食其子羹尚不知也。」

至於「咸卦」，根據李碩的說法，就是記述了伯邑考被生劏的過程：依次是手指、小腿、大腿和屁股，這時有反抗，其後反抗停止了，輪到背部、臉蛋、舌頭。

如照這解法，這「咸」字的組件「戈」和「口」，應是「用利器切下肉塊」，或「利器切下肉塊然後吃掉」的意思：這個「口」字，不是指「肉塊」，就是指「用口吃掉」。參考我在〈哉〉一文中，講過「口」和「被用來祭祀的人」的相通關係。有趣的是，「咸」字和「哉」字極為相似，不排除這兩者本來是同一字。

至於把「咸」字也解作「味道」，相信本來指的是「血的滋味」。

雎鳩與鳩

1. 關雎

《關雎》是《詩經》的第一篇，也是其中最有名的一篇。它的原文是：**「關關雎鳩，在河之洲。窈窕淑女，君子好逑。參差荇菜，左右流之。窈窕淑女，寤寐求之。求之不得，寤寐思服。悠哉悠哉，輾轉反側。參差荇菜，左右采之。窈窕淑女，琴瑟友之。參差荇菜，左右芼之。窈窕淑女，鐘鼓樂之。」**

一如其他，這首詩也有數不清的語譯，這裏隨便列出一則：

「關關和鳴的雎鳩，相伴在河中的小洲。那美麗賢淑的女子，是君子的好配偶。參差不齊的荇菜，從左到右去撈它。那美麗賢淑的女子，醒來睡去都想追求她。追求卻沒法得到，白天黑夜便總思念她。長長的思念喲，叫人翻來覆去難睡下。參差不齊的荇菜，從左到右去采它。那美麗賢淑的女子，奏起琴瑟來親近她。參差不齊的荇菜，從左到右去拔它。那美麗賢淑的女子，敲起鐘鼓來取悅她。」

2.疑點

對此，我的疑問一是「關關」，從古到今都是解作「雎鳩的叫聲」，這是研究《詩經》的人對於不明其意的疊字的慣常手法之一，就是把它解作擬聲字，企圖胡混過去。然而，古人寫字不易，惜字如金，再說，《詩經》的四字一句，也已是把原來比較長的曲詞改寫成這格式，是精簡了的寫法，莫非還有需要加上虛字嗎？

二是此詩的作者視自己為「君子」，即是貴族，《維基百科》說：「是東周貴族男子思求淑女之詩」。然而，這詩很無厘頭地用上了「採摘荇菜」，有人說，這是比喻，但這比喻和前述內容全無可比之處。

有人認為，這是作者愛上了採荇菜的女子，但在階級分明的西周末年東周初年，採荇菜的女子應不可能被稱為「淑女」，更加不會是作者的心上人。

三是孔子在《論語・八佾》所說的：「《關雎》樂而不淫，哀而不傷。」看來看去，這首詩的內容究竟有何「（快）樂」的地方？另，它又何有「哀傷」之處呢？

3. 鳩

「雎鳩」具體究竟是那一種鳥類，有好些說法，可以肯定的是，它是屬於鳩鴿科的其中一種。根據《百度百科》的「鳩鴿科」條：

「鳩鴿科，是鳥綱鴿形目的一個科，在中國有8屬31種。體型似家鴿，嘴較短，上嘴先端膨大而堅硬；嘴基有由皮膚形成的蠟膜，翅長而尖，初級飛羽11枚，缺第5枚次級飛羽；尾呈圓形或楔狀，尾羽12-20枚；腳短而強健，適於在地面疾走；腳有4趾，同在一平面上；雄鳥和雌鳥羽色大體相似。」

至於「睢」，在現代漢語，代表了另一個科，即雉科，學名是「Phasianidae」，有4族、44屬、168種、577個亞種，是鳥綱雞形目最大的一個科。

簡單點說，「睢」和「鳩」是不同的雀鳥。《左傳・昭公十七年》中，郯國國君郯子那段有名的話把這兩者合在一起：

「我高祖少皞，摯之立也，鳳鳥適至，故紀於鳥，為鳥師而鳥名，鳳鳥氏歷正也，玄鳥氏司分者也，伯趙氏司至者也，青鳥氏司啟者也，丹鳥氏司閉者也，祝鳩氏司徒也，鴡鳩氏司馬也，鳲鳩氏司空也，爽鳩氏司寇也，鶻鳩氏司事也，五鳩，鳩民者也……」

這裏的「鴡鳩」是一官職，「司馬」即是「國防部長」。值得注意的是，以上的官職除了「伯趙氏」之外，分為「鳥」和「鳩」兩系，前者有四，後者有五，這證明了，有多種不同的「鳥」，也有多種不同的「鳩」，「鳩鳩／睢鳩」只是其中一種。

按：「伯趙氏」的「趙」無疑是「鳥」字之誤，「伯」則不知原來是何字。又：《詩經・曹風》有一篇名為「鳲鳩」，即「布穀鳥」。

我略作猜測，古人的生物學知識不佳，估計對於「睢」和「鳩」分類不清。《禮說・月令》說：「仲春，鷹化爲鳩。」《禮記・王制》也有類似說法：「「鳩化爲鷹，然後設罻羅。」

《禮記・夏小正》則索性把兩者視為一物：「鷹則為鳩。」

鷹不會化為鳩，這是生物學的基本知識。由此可知，當時的人沒搞清甚麼是「鳩」。我估計，小的雀叫「鳥」，大的雀叫「鳩」。在郯國的先祖帝摯時的官制，「鳥」只是掌管天文曆法的官員，「鳩」所代表的官職是：司徒、司馬、司空、司寇、司事，明顯比「鳥」的地位高得多。

4. 鳩杖

肯定知道的是，古人很尊崇「鳩」。

《後漢書・禮儀志中》說過「鳩杖」：「**仲秋之月，縣道皆案戶比民。年始七十者，授之以王杖，餔之糜粥。八十九十，禮有加賜。王杖長九尺，端以鳩鳥為飾。鳩者，不噎之鳥也。欲老人不噎。是月也，祀老人星于國都南郊老人廟。**」

古時的人均壽命不高，能活過七十歲的人不多，況且，正如今天的長壽老人，多半需要有一定的經濟背景，太艱苦的生活很難活這麼長。東漢政府籠絡這些長者，也有政治統戰作用。

漢朝學者應劭在《風俗通》說過「鳩杖」的由來：：「俗説高祖與項羽戰，敗於京索，遁藂薄中，羽追求之，時鳩正鳴其上，追者以鳥在，無人，遂得脫。後及即位，異此鳥，故作鳩杖以賜老者。」

根據考古工作者挖出來的「王杖」，扶手是一隻斑鳩鳥形狀，材質有青銅、木、玉。在青海的一個三千五百年前的古墓，曾出土兩件青銅鳩杖，因此，鳩杖應在在商朝或更早的時間，已在華夏大地流傳，應劭的說法絕對是錯誤的。

再看更早的記載，《爾雅》給的說法是：「鳩，聚也。」換言之，這字應通同音的「糾」，「糾集」，也即是「聚集」的意思。

《尚書・堯典》說：「共工方鳩僝功。」意即「共工氏共工能夠聚集眾人之力成就功業。」《左傳・隱公八年》說：「君釋三國之圖，以鳩其民，君之惠也。」這句話解作：「國君您促使到宋、衛、鄭三國媾和，安定了民心，這是您的恩德。」這裏的「鳩」，也是作「聚集」解，即是令到「民心向歸」。

《古三墳》的「鳩」字用法也差不多：「甲日寅辰，乃鳩眾於傳教臺，告民，示始甲寅。」

有人認為，我也同意這說法，這字代表了「揮動鳩杖，號令眾人」，所以「鳩」意即「聚集」，源出於此。

總括而言，古人用「鳩」來裝飾「王杖」，並不只是「鳩」代表「老人」，它也代表了「男性」，以及代表了地位和權威，畢竟，這字由「九」和「鳥」組成，而「九」是數字中最大也最尊貴。

5. 雎鳩

縱觀上文的解釋，「鳩」就是「貴族」。至於「雎」，應看其左邊的「且」，這已公認是「陽具」的意思。

從文字學的角度看，「九」是最大的數字，向來代表「尊貴」，因此皇帝才稱作「九五之尊」。「鳩」字由「九」和

「鳥」兩部分合成，恰好就是「最尊貴的鳥」的意思。

所以，「雎鳩」的意思，就是「男性貴族」。

順帶一提，「雞」字的左旁是「奚」，而我也曾另文解釋了，「奚」可解作「女奴」或「女性性器官」。推理下去，「雞」，本義應是「母鳥」，或「母雞」。事實上，「雞」另有一異體字，寫作「鷄」。

那為甚麼到了後來，我們會用「雞」字來統稱所有的雞呢？

話說中國人席上的菜肴，有小公雞，也有老母雞。為甚麼公雞要小，母雞要老呢？

話說母雞有生產能力，是生財工具，但只需要一隻公雞，便足以為多隻母雞配種，因此，公雞可以隨便宰掉來吃，但母雞則一定要養到它年紀老邁，不能下蛋了，才好宰殺。因此，在一個農家，母雞的數量遠比公雞多，因此，「雞」這個本來專門指母雞的字，後世便用來作為雞這種生物的統稱了。

6.《詩經 • 氓》

《詩經・衛風・氓》有四句：「**于嗟鳩兮！無食桑葚。于嗟女兮！無與士耽。**」這裏的「鳩」和「女」分別代表了「男人」和「女人」，也是公認的訓法。這進一步旁證出「鳩」代表「男人」。至於《詩經・氓》，我另有一文，作出了新的解說。

7. 鵲巢

另一首提到「鳩」的，是《詩經・國風・召南・鵲巢》：

「維鵲有巢、維鳩居之。之子于歸、百兩御之。維鵲有巢，維鳩方之。之子于歸，百兩將之。維鵲有巢，維鳩盈之。之子于歸、百兩成之。」

傳統的白話文語譯是：「喜鵲築有巢窩，杜鵑前來居住。這位女子就要出嫁，百輛車乘前來迎接。喜鵲築有巢窩，杜鵑前來依託。這位女子就要出嫁，百輛車乘送她離開。喜鵲築有巢窩，杜鵑前來佔滿。這位女子就要出嫁，百輛車乘成全婚禮。」

「鵲」是鳥綱雀形目，形似烏鴉，尾長六、七寸，背黑，肩、腹、翼皆白，古時以鵲噪為喜兆，故稱為「喜鵲」。這首詩也是成語「鵲巢鳩佔」的由來。

《毛詩・序》對此詩的解說是：「……夫人之德也。國君積行累功以致爵位，夫人起家而居有之，德如鳲鳩，乃可以配焉。」

至於孔穎達的疏可說是離題萬丈，居然扯到周文王的正妻「大姒」的身上：「此夫人斥大姒也，《大明》云：『纘女維莘』，莘國長女，實是諸侯之子，故得百乘將之。」「文王之迎大姒，未為諸侯，而言國君者，《召南》諸侯之風，故以夫人國君言之。」

要知道《詩經》的「國風」本是民間歌謠，主題就是人民的生活，後世學者卻很喜歡把其冠以政治上的深層意義，未免是扯太遠了。換了這些是「雅」，以及「頌」的部分，則才會比較政治意涵。

然而，我同意《毛詩・序》指這是「夫人之德也」的結論。

皆因我認為，「鵲巢」的意思，是用來比喻女人的陰戶。沒錯，「德」有「最大優點」的意思，例如張飛的字叫「翼德」，皆因「翼」的「德」就是「飛」。不消說，「夫人」最大的「德」，就是其陰戶了。

至於「鳩」，應是自古至今，都是用來形容男人的陽具。直至今天，依然是這樣應用。

在把這首詩作出語譯之前，首先得解釋一些字義。第一是「之子于歸」，一般它解作「女子出嫁」，朱熹的注是：「婦人謂嫁曰『歸』。」我認為，這也許可以解作：到處跑（之）的男人／陽具（子）終於（于）有了歸宿，也即是前述的鵲巢／陰戶。

第二就是「兩」字。通常解作「車輛」，但我卻認為，這應該是「兩人」的意思。所謂的「百兩」，就是「兩人做愛一百次」，這當然是誇張的表達手法。

至於「御」和「將」，都有「控制」的意思，「成」，則應是「承受」，都可用來形容性行為時的動作。今人在以男人為主詞的性行為，也會叫作「御女」。

還有一個「方」字，《說文解字》說：「併船也。象兩舟省總頭形。」段玉裁的注說：「下象兩舟併爲一。上象兩船頭總於一處也。」換言之，把兩條船拉併成對兒，就是「方」。

根據以上的說法，《鵲巢》的白話文正譯應是：

「我有陰戶，只有你的陽具可以進來。你的陽具有了最終的歸宿，你要像駕車般搞我一百次。我有陰戶，你的陽具要併進來。你的陽具有了最終的歸宿，你要控制我一百次。我有陰戶，你要用你的陽具來充滿我。的陽具有了最終的歸宿，我要承受你一百次的做愛。」

若論到文學意境，以上的解法應比傳統的解法有趣得多。我也不認為傳統的解法有任何文學性。

8. 防有鵲巢

《國風・陳風・防有鵲巢》的詩文是：「**防有鵲巢，邛有旨苕。誰侜予美，心焉忉忉。中唐有甓、邛有旨鷊。誰侜予美、心焉惕惕。**」

《百度百科》對此的解說是：

《毛詩序》説：“**《防有鵲巢》，憂讒賊也。宣公多信讒，居子憂懼焉。”朱熹則不同意此説，認為這是一首情詩。他在《詩集傳》中説這是“男女之有私而憂或間（離間）之詞”**。

這一次，朱熹並沒有把詩上綱上線到政治，他是對的。《百度百科》的譯法是：「哪見過堤上築鵲巢，哪見過土丘長水草。誰在離間我心上人？我心裏愁苦又煩惱。哪見過庭院瓦鋪道，哪見過山上長綬草。誰在離間我心上人？我心裏害怕又煩惱。」

不過，雖然大方向是正確，我並不同意以上的譯法。

在上一節已說了，「鵲巢」指的是「陰戶」。「防」解作「水壩」或「枋」，即一種常綠喬木，但我認為，這可能解作「房間」。無論如何，這解作「房間內有女人」，或是水壩、樹下有女人，均無傷大雅，不會影響到主題。

「邛」是「山丘」，「旨」是「鮮嫩」，「苕」是一種草。「邛有旨苕」很可能是用來比喻「長在陰阜上的陰毛」。「侜」意即「欺騙」，「誰侜予美」用傳統的解法是無論如何解不通的，女人可不會用「美」來形容自己的心上人吧？我看這句是被動文法，應解作「哪位美人企圖勾引我的愛人呢」？

「忉忉」和「惕惕」都是「擔心」和「不安」的意思，正如日文的文法，疊字代表了「極度」、「非常」。

「中唐」就是「大門和中門之間的甬道」，後世寫作「中堂」。「甓」是「瓦片」，另有版本寫作「鷿」，即「野鴨子」，不妨注意鴨子的嘴巴是啥模樣。「鷊」即是「綬草」。所以，這句話的真意就是「房間有像鴨嘴巴的陰道，上面長著陰毛」。

根據以上的訓詁，這首詩的白話文應是：

「房間內有像鵲巢般的陰戶，其陰阜長有陰毛。是哪位美人勾引我的愛人呢？我很不安。房間內有像鴨子嘴巴般的陰道，上面長有像綬草般的陰毛。是哪位美人勾引我的愛人呢？我很擔心。」

9. 關關

上文解釋了，「雎鳩」意即是貴族男人，而「關」的意思，就是「關住」，即是「囚禁」，以及「囚牢」。

「關關」是疊字，我的看法是，中文語法向來不分動詞、名詞、形容詞。我在本書的另一篇文章說過，《詩經》慣常的用法，是疊字代表了「極度」，即英文的「very very」，日文的「々」代表了疊字，意思也差不多。因此，我認為「關關」意即「關在牢裏很久」。由於他是「君子」，所以應是貴族，也許坐的是政治牢。

換言之，「關關雎鳩」字面意思即「關在籠中的雄性大鳥」，以喻「坐牢中的君子」。

「在河之洲」，很可能是一個水牢，即是在黃河的監獄。當時的「河」字是「黃河」的意思，至於「river」，則用「水」字，如涇水、渭水等等。水牢是古代監獄的一種，張紅燕2023年6月23日在《搜狐》發表的一篇題為《關押囚犯的"水牢"消失了？為何犯人寧可立刻被殺也不想進水牢》描述過：

水牢，與普通牢房最大的區別就是牢裏注入了很多的水，人在裡面水會淹到胸口位置，所以犯人進去以後不能坐，而只能站著。水牢最可怕的主要有兩點。其一是水牢的水非常髒。在古代，水牢是專門用來關押犯了重罪犯人的牢房，因此不會像游泳池一樣經常換水，而是很多年都不會換水，加上犯人的大小便都是拉在水中，所以水牢裡面的水早已經是臭不可聞、蛆蟲遍地。

其二是長時間的水中站立。一般人站兩個小時就會感到很累，要坐著休息一下才能繼續站，如果連續站一天的話很多人都受不了，而關進水牢的犯人就不得不一直站著了，因為一坐下，水就淹沒了頭頂而不能呼吸。

如果是乾淨的清水還好，站累了閉氣一會坐下來，順便還可以洗個頭，可謂一舉兩得，然而看著那黑乎乎的水，以及水裡那

不斷湧動的蛆蟲，誰還敢坐下去？

由於長時間的泡在水中，慢慢的身體就會浮腫甚至腐爛，並且人的體能是有限的，一般的犯人在水牢裡面關上兩三天后，終因體力不支而到在水中溺斃。

10. 窈窕淑女

「窈窕淑女」這句並沒甚麼歧義，不過為了完整，乾脆把這句也一併解了。

揚雄在《輶軒使者絕代語釋別國方言》說：「秦、晉之間，美心為窈，美妝為窕。」意即既有內在美，又有外在美的少女。

雖然說是在「秦晉之間」，但並不限於黃河流域，《楚辭.九歌.山鬼》　有一句：既含睇兮又宜笑，子慕予兮善窈窕。」這後來成了流行用語，如李斯的《上書秦始皇》寫：「而隨俗雅化，佳冶窈窕，趙女不立於側也。」直至今時今日，我們仍然常用「窈窕」這形容詞。

有意思的是，《詩經・毛傳》的解法：「窈窕，幽閒也。」《漢書・王莽傳上》也有一句：「公女漸漬德化，有窈窕之容，宜承天序，奉祭祀。」顏師古的注是：「窈窕，幽閒也。」

所謂的「幽閒」，指的並非「有空」，而是活在深閨之中，不與陌生男人胡亂來往的貴族女子。無論作如何解釋，採荇菜的少女，總不能說是「幽閒」，這進一步證明了，詩中少女並非在採荇菜，也即是說，從古以來的解釋是錯的。

再深究下去，「窈」字的小篆是洞穴之形，意即「深遠」。

《說文解字》對「窕」字的解法也差不多：「深肆極也。從穴，兆聲，讀若挑。」換言之，這也應解作「深閨」。

有意思的是，在中文，「窕」字又可解作「不實」，或「虛浮」，如「窕名」意即「虛名」，「窕言」指「虛假不實之言」，「窕貨」指「來路不正的貨物」。也許，「深肆極」也可解作「吹很大的牛」吧？

2015年，安徽大學買入了一批戰國中期的楚國竹簡，共1,167枚，是為《安大簡》，並且在2019年發表了第一批研究報告，包括了《雎鳩》。這其中的「窈窕淑女」，在《安大簡》中，寫作「腰嬥淑女」。

「嬥」是「美麗」的意思，音「窕」。《說文解字・女部》說：「嬥，直好貌，一曰嬈也。」「腰嬥」就是「美麗的腰」，即「纖細的腰」。

這究竟是不是《雎鳩》的原句？要知道，《詩經》是西周早及中期的作品，《安大簡》則是戰國中期的古物，兩者相差長達幾百年，而且楚國不屬於周朝文化圈，或許是楚國流傳的版本錯了，也未可知。

有趣的是，《墨子・兼愛中》有說：「昔者楚靈王好士細腰，故靈王之臣皆以一飯為節，脅息然後帶，扶牆然後起。」楚王喜歡細腰，上行下效，因而整個國家形成喜歡細腰的傳統，也是正常。

楚靈王是春秋時期的君主，比起《安大簡》的年代，早了二百年左右，也許就是這時，出現了「腰嬥淑女」的說法。反過來說，正如楚國竹簡有「腰嬥淑女」的說法，證明了楚國在戰國中期，的確流行細腰美女。

然而，「楚王好細腰」的說法，恰好反證出其他地方的貴族和人民並不喜歡瘦女，楚國，以及楚靈王本人，其癖好是特殊的，不同於其他地方。

更有趣的是，「窈窕」本非解作「纖瘦」，但是到了後來，人們卻作出了此解。中文另有「苗條」，來形容女子的纖瘦，就我所知，宋朝已有這用法，但是在宋朝之前，似乎未見到有人用這詞語。現代人的通常用法，「窈窕」是形容「瘦而身裁好」，不會用來形容豐滿或大胸的女人，而「苗條」這形容詞雖不艱深，但並不多見，通常都會寫作「窈窕」。這很可能真的是源於「腰嬥」。

再說下去，「嬥」也是一種歌舞的形式，《集韻‧上聲‧篠韻》：「嬥　，一曰『巴歌』。」巴國大約是位於今日重慶市的一個國家，是周朝的諸侯國，西元前316年被秦國所滅。西漢時的韓嬰寫的《韓詩外傳》說：「嬥歌，蠻人歌也。　」

前文引的《說文解字》說「嬥」字「一曰『嬈』也。」這個「嬈」字有很多不同的意思，其中一個我們最熟識的，就是用來形容女人的美態，如「妖嬈」。

那麼，「腰嬥淑女」究竟是不是指「妖嬈淑女」呢？

「淑」意即「清澈的流水」，《說文解字》說：「清湛也。」這當應該與「妖嬈」扯不上關係吧？

那麼，「窈窕淑女」的真意，究竟是不是指「主人翁正在幻想中的在深閨中的美麗的純情貴族少女」呢？

11. 輾轉反則與手淫

我們日常用語中，常常會說到：「輾轉反側，求之不得。」意即翻來覆去的不斷換姿勢，卻始終睡不著，皆因得不到美人。可是，《詩經》的原文卻是：「**求之不得，寤寐思服。悠哉悠哉，輾轉反側。**」換言之，是先有「求之不得」，再加「輾轉反側」，中間還加插了「寤寐思服」和「悠哉悠哉」這兩句。

「求之不得」很簡單，問題在於「寤寐思服」。「寤寐」也很簡單，即是醒時和睡時，然而，「思服」究竟是甚麼意思呢？

《百度百科》解作：「意思是思念、嚮往。」這只是一般的通解。然而，我們參看《藝文類聚》，有說：「自東西與南北，咸思服而來同。」《二十四史·魏書》：「歸而相謂，言國家之美，心皆忻慕，於是東北群狄聞之，莫不思服。」

從這去看，「思服」的意思，是「有意臣服，或服從」。由於中文不分主動被動，因此，「思服」不止有「自己服從」，也有「令對方服從」的意思。放在這首詩上，便有「溝到她」、「把到她」的意思了。

於是，「寤寐思服」全句應解作：「清醒時和睡覺時，即是整天，都想著把到這妹子。」

現在再講「悠哉悠哉」。這個「悠」字，正如我在「悠」這篇文章中說，這個字就是台灣人說的「色色」，香港人說的「咸濕」，正因為心中想著色情的事，因而「輾轉反側」。

那為甚麼是「輾轉反側」呢？

以前的人把解作「翻來覆去的變換睡覺姿勢」，這好像是解釋了「轉」字，然而，「輾」字呢？

《百度百科》說這字：「古同“碾”，軋，用於滾軋或研磨的工具。一般以石為之，下有槽或盤，上承輪子或滾子。」當男人在睡覺時想到身裁「窈窕」的「淑女」時，十居其九，都會手淫，「輾」和「轉」這兩字，正好是「手淫的動作」。

至於「反側」，我認很可能是「反則」，皆因「反則」是常有的說法，但可沒有說「反側」。《易經・同人》說：「乘其墉，義弗克也。其吉，則困而反則也。」

孔穎達的疏：「以不克困苦而反歸其法則，故得吉也。」

換言之，「反則」即是「回到使用最基本的（生活）方式。在這裏，則可解作：「因想念美人而得不到，只有回到最基本的解決方式，就是手淫了」。

12. 參差荇菜，左右采之與手淫

再往下去，我們可以把「采」和「芼」那「參差荇菜」，解作「手淫的動作」。荇菜是生長在水中的菜，採摘時得把手放在水中，正是因為囚犯的半身浸在水中，手淫時才會像採摘荇菜般的動作。「琴瑟」和「鐘鼓」，則是「手淫的節奏」。

這樣子，就名副其實是孔子所說的「樂而不淫」也，皆因只要幻想其動作，也會覺得實在太好笑了。同時，坐牢雖然是人間慘事，不過這種表達方式，卻是黑色幽默，因此是「哀而不

傷」。

最後，我要為《關雎》這首名詩作出語譯，應是：

「我這個貴族男人被關在河中間的水牢之內，不得自由。我極度懷念身段曼妙的美人，翻來覆去，也不可能得到，心裏越想越是色情，唯有把手放進水中，為自己手淫。我一邊想著好身裁的美女，一邊像採摘荇菜般手淫，動作像奏琴瑟，然後越來越有勁道，漸漸變得像打鐘鼓般。」

可以肯定的說，這首詩照我的語譯法，文學意境絕對比原來的語譯好得多。一是更具體的說出了作詩人的客觀情況，二是鮮活地描寫出他的思想與行為。反之，原來的語譯用「雎鳩」來形容美女，無端端出現了荇菜，太過無厘頭，論意境，沒資格成為《詩經》的第一首。

13. 琴瑟友之、鐘鼓樂之

「琴瑟」向有用來形容男女之事，如《詩經・小雅・常棣》：「妻子好合，如鼓瑟琴」。

至於「鐘鼓」，都是用棍子來敲擊，敲出聲音來，更加是繪聲繪影。香港人有把做愛俗稱為「扑嘢」，即「敲擊東西」。

14. 鳩

從上文可知，用「鳩」這個字來表示陽具，應是在周朝時的常用，一直沿用到今天，中國很多地方依然有這用法，後文會有解釋這個字在今天不同地方的變種。

至於為甚麼會用「鳩」字來指陽具，我認為，這應同它的本字「了」脫不了關係。因為「了」與「鳥」同音，人們也用「鳥」字來指陽具，但這也不排除這關係是倒了過來：人們在口語時先用「鳥」來比喻陽具，到了後來文字化時，卻寫成為「了」。總之，鳩是鳥類的一個大綱目，人們用它來代表「了」，也是很正常的語言演化。

15. 無厘頭鳩

廣東有一句俗語叫「無厘頭鳩」，以喻行事不經大腦、沒頭沒尾、分不清來龍去脈，以及問非所答，令人一頭霧水。

「無厘頭鳩」這四個字，分別由三個部份所組成：「無厘」、「頭」和「鳩」。

廣東話向來有「無厘」的說法，意即「沒有」，例如說，「無厘」神氣，「無厘」貴格，諸如此類。我認為，這是「無嚟」，即是「沒來」，英文「doesn't come」的意思，即然「沒來」，也就即是「沒有」了。

推論下去，「無厘頭鳩」應分成「無厘頭」和「鳩」兩部分，即是「沒有頭的鳩」。

既有「沒有頭的鳩」，也即是有「有頭的鳩」，廣東俗話的「鳩頭」，也即是「龜頭」。一條陽具，在甚麼時候會「沒有頭」、「沒有龜頭」呢？答案只有一個，就是「包皮過長」。在陽具而言，這是很差的形象。

這個形容詞，類似另一句粵語俗語「吊吊揗」，讀音是

「diu4、diu2、fing6」。《香港網絡大典》的解釋是「掉是晃動的意思……作動詞用可解作懸吊時搖擺的狀態（多指條狀物），作形容詞用則可指人吊兒郎當……看這幾個字的組合，不難聯想到「條屌Fing」箇中的精粹。（即陽具在搖擺，在此「屌」當作是一名詞。）

「無厘頭鳩」這說法由來以久，由於「鳩」屬於不雅字，因此人們也有簡稱為「無厘頭」。

上世紀九十年代，周星馳的影視作品崛起，其作風被總括為「無厘頭」，因而令到這個名詞從舊式廣府俗語成功過渡成為新一代的流行話。由於新一代已不知它的原來用法是連著「鳩」字，因此從粗話登上了大雅之堂，在電視照講。

直至今天，「無厘頭」仍然是流行用語。

《詩經 · 氓》

1. 本詩訓詁

之前提起過《詩經・氓》，順便講講古人對這詩的訓詁的一些謬誤。

這詩的原文我很熟，皆因這列入了我考大學入學試時的中文科課程。原文是：

氓之蚩蚩，抱布貿絲。匪來貿絲，來即我謀。送子涉淇，至於頓丘。匪我愆期，子無良媒。將子無怒，秋以為期。乘彼垝垣，以望復關。不見復關，泣涕漣漣。既見復關，載笑載言。爾卜爾筮，體無咎言。以爾車來，以我賄遷。桑之未落，其葉沃若。于嗟鳩兮！無食桑葚。于嗟女兮！無與士耽。士之耽兮，猶可說也。女之耽兮，不可說也。桑之落矣，其黃而隕。自我徂爾，三歲食貧。淇水湯湯，漸車帷裳。女也不爽，士貳其行。士也罔極，二三其德。三歲為婦，靡室勞矣。夙興夜寐，靡有朝矣。言既遂矣，至于暴矣。兄弟不知，咥其笑矣。靜言思之，躬自悼矣。及爾偕老，老使我怨。淇則有岸，隰則有泮。總角之宴，言笑晏晏。信誓旦旦，不思其反。反是不思，亦已焉哉！

我在網上找到的譯文是：

棉布販子笑嘻嘻，抱了布匹來換絲。其實不是來換絲，是來與我談婚事。送你過了淇河水，到了頓丘才分離。不是故意延婚期，是你沒有好婚禮。你也不要發脾氣，就把婚期訂秋季。登上一堵土墻，遙望復關方向。不見你來，淚沾衣裳。見你來啦，嘻笑揚揚。你已占了卜筮，擇定了好日子。駕車來吧，人和嫁妝跟著你。年輕的桑樹，又綠又嬌嫩。布谷鳥啊，不要貪吃桑葚！年輕女子啊，不要貪戀男人。男人愛了，隨時忘記。女人愛了，愛一輩子。桑樹枯黃，支離憔悴。嫁到你家，貧苦受罪。你把我送回娘家。淇河的水沸沸，濺濕了我車帷。我是始終如一，你卻三心二意。嫁到你家三年，任勞任怨，不得休閒。現在家境好轉，

你就變了臉——醜惡兇悍。自己兄弟不知情節，譏笑我罪有應得。安靜下來細細想，暗自悲傷。你曾說：「白頭偕老不分離。」自己誓言已忘記。淇水有岸，沼地有邊。記得少年時，歡歡喜喜。算了吧，往事不再追憶。

2. 氓

首先說的是「氓」。

《說文解字》說：「**氓，民也。從民，亡聲，讀若盲。**」然而，「民」和「氓」兩字顯然有別，《戰國策・秦策一》說：「彼固亡國之形也,而不憂其民氓。」《淮南子・脩務》說：「湯夙興夜寐，以致聰明。輕擖薄賦，以寬民氓。」

這裏把「民」和「氓」兩字並列，證明了它們不是同一字。兩字連在一起，讀作「民忘」，或作「民盲」。

《百度百科》的說法是：「古代稱民（特指外來的）：氓隸（充當隸役的平民）。群氓。」清朝中葉的訓詁學家朱駿聲在《說文通訓定聲・壯部》說得很清楚：「自彼來此之民曰『氓』，從民、從亡會意。」

3. 蚩

既已知「氓」是「外來的人」，那麼，究竟是從哪裏來的呢？

「蚩」字，一般的譯法是「笑嘻嘻」，或是「很老實的樣子」。不過，古人會用「虫」來形容外族，例如福建的「閩」字，本來就是形容「山越」，也即是「在山裏居住的南方蠻族」的意思。

「蚩」字正是由「山」和「虫」組成，指的應是「在山裏居住的人」，也即是少數民族之類。大家要知道，當時的中國，居住在大量少數民族，「國人」指的是「在城裏居住的人」，這是國君所能管轄，能向他們徵稅，也能號召他們參加戰鬥。但在城外的田野，以及深山裏頭，還有許多少數民族雜居。

因此，這位「氓」，應是住在山間的少數民族。這有別於居住在本國其他城市，以及同是周天子管轄之下的別國人。

最後一提，古代的部落領袖「蚩尤」也是少數民族，我會另文去講他。

4. 布

「抱布貿絲」抱的不是「布匹」，而是當時流行的貨幣。

《維基百科》的「布幣」條說它「是中國春秋戰國時期的鏟形貨幣，主要流行於周王畿和三晉一帶，燕國、楚國也有鑄造。」

這其實很簡單：「布」是沉重的物事，既然抱著布匹來，必然是為了做生意，如果做不成生意，回去時，就要也抱著布匹了。詩中既然說他「匪來貿絲」，那麼，他顯然抱的不是布匹，而是貨幣，皆因沒有人會抱著布匹來泡妞，太麻煩了，帶著現金來溝女，則屬正常。

5. 復關

人們把「復關」解作地名。由於這詩屬於「衛風」，因此被認為是衛國某地的名字，但卻無法指出這究竟是何地。

看字面，「復」是「再次」，「關」就是「城的出入口」，也即是「關口」。換言之，「復關」是「再次進城」。這進一步旁證了故事的男主角是外來人。

6. 以我賄遷，三歲食貧

「以我賄遷」指的是女主角出嫁時所帶的嫁妝，這是公認的解法。問題在於，「三歲食貧」。這究竟是女人花光了私己錢，還是男人的財政陷入困境呢？

前文的翻譯有「現在家境好轉」，但詩中並沒明言家中財政究竟有沒好轉了，這明顯是譯者的一廂情願，也與「三歲食貧」相矛盾。

還有有一句「二三其德」，即是男人並不專一，有了其他女人的意思。據常理，男人在貧困時，不大可能找別的女人。因此，有理由相信，以上指的是女人花光了私己錢，變得貧困了，男人非但惡言相向，還施以暴力。

7. 靜言思之，躬自悼矣。及爾偕老，老使我怨

「靜言思之，躬自悼矣。及爾偕老，老使我怨。」這四句的意思是很明顯，古人的解釋，是女人老去了，回想起來，對這段婚姻極為怨恨，深自懊悔。

我的看法則是：她結婚沒幾年，回到娘家之後，思考如果這段婚姻延續下去，同男人白頭偕老，必然會令到自己後悔。因此，她決定趁自己還未老去，結束這段（異地）婚姻。

8. 總角之宴，不思其反

「總角」指的是古代兒童將頭髮分作左右兩半，在頭頂各紮成一個結，形如兩個羊角，因此叫作「總角」。少女從八歲，少年從九歲起，至十三、四歲，俱可叫作「總角」。

前人對此句的解釋，是男女主角在少年談戀愛時，相處恩愛。但這又有一處矛盾，就是前文講過兩人的相識經過是「氓之蚩蚩，抱布貿絲」，這即是說，兩人並非青梅竹馬，那又為何有「總角之宴」呢？

這其實是指，女人回到了娘家，看到了同族小孩子們玩很開心。至於「信誓旦旦，不思其反。反是不思，亦已焉哉！」這就很簡單了：我發誓不再回去，就此完結這段婚姻！

9. 總結

總括而言，這首詩講的不是一段普通婚姻破裂，而是警惕本國人和異地少數民族的婚姻：異地少數民族的民風不好，也太過貧窮，女人的地位也不高，而且距離本家太遠，容易遭受到夫家族人的欺負。今日中國也有不少諷刺中國女人嫁給非洲黑人，其下場不佳的文章和片子，也是差不多的事。

《詩經・召南・野有死麕》

《詩經・召南・野有死麕》的原文是：**「野有死麕，白茅包之。有女懷春，吉士誘之。林有樸樕，野有死鹿。白茅純束，有女如玉。舒而脫脫兮！無感我帨兮！無使尨也吠！」**

「懷春」的意思，人所皆知，意即：「女性情欲蠢動，希望與男人親熱、或婚嫁」，「吉士」則是「有質素的男人」，如帥哥、有品德的，或貴族男子。

《說文解字・巾部》：「**帨，佩巾也。**」意即女子隨身攜帶的手帕。手帕是古代女子的貼身物事，眾所周知，在古代，手帕有著女人對愛男人示愛的暗示功能，很多故事都講過，仕女往往以贈送手帕給男人來表示愛意。

東漢經學家鄭玄對此的「箋」，即注解是：「**貞女欲吉士以禮來，脫脫然舒也。又疾時無禮，強暴之男相劫脅。**」

我在網上找到的語譯是：「一頭死去的獐子在荒野，白茅縷縷將它包。有位少女春心蕩，小夥追著來調笑。林中叢生小樹木，荒野有只小死鹿。白茅捆紮獻給誰？有位少女顏如玉。慢慢來啊少慌張！不要動我圍裙響！別惹狗兒叫汪汪！」

兩千多年來，人們都把這詩解作男人卻圖強暴女人，而被女人推卻。這解法的問題在於：第一，這解法有何文學性可言？第二，有質素的男人去強姦懷春少女？這明顯是自相矛盾。第三，這和死獐子、死鹿有何關係？

我的看法是，中文不分主動被動，「吉士誘之」並非指男人想引誘女人，而是女人想肉誘男人。換言之，「有女懷春，吉士誘之」指的是「懷春少女想肉誘美男子」。這樣子，「死獐子」和「死鹿」的解釋就通了：即是這女人的肉體十分醜陋，活像死獐、死鹿一般，只是用「白茅」，即是「華麗的衣服」去包裹著。

後半部的「有女如玉，舒而脫脫兮！無感我帨兮！無使尨也吠！」則是女人的自述。

1968年12月1日，李敖在《人人娛樂》第三期寫了一篇名為《舒而脫脫兮》的文章，解說了「舒而脫脫兮」的意思：「這兩句詩，不管從古到今，老夫子們是如何解釋，但在我看來，卻正好移做描寫近代西方的一種新文明，叫做——『脫衣舞』。」

因此，此段的意思應是女人的自述：「我像玉一般的美麗，並且已脫光光了。我已向你示愛（拋下佩巾的隱喻），莫非你感知不到我的愛意嗎？」

最後一句的字面意思：「不要使狗吠！」意即「如果你不來搞我，連狗也會吠呢！」（字面意思：你千萬不要讓狗也吠呀！）

我這解法，無論在故事性、文藝性，都在傳統解法之上，也更能解釋到這詩的起承轉合。反之，用傳統的解釋，這首詩未免是索然無味，完全沒有文學性可言。

桃夭與女陰

《桃夭》是《詩經・周南》的其中一首，其全文是：「**桃之夭夭，灼灼其華。之子于歸，宜其室家。桃之夭夭，有蕡其實。之子于歸，宜其家室。桃之夭夭，其葉蓁蓁。之子于歸，宜其家人。**」

這首詩一致公認主題是女子出嫁，沒有任何異議。《百度百科》說：「現代學者一般認為這是一首祝賀年輕姑娘出嫁的詩。全詩三章，每章四句，通篇以桃花起興，以桃花喻美人，為新娘唱了一首讚歌。」

其白話譯文是：「桃花怒放千萬朵，色彩鮮豔紅似火。這位姑娘要出嫁，喜氣洋洋歸夫家。桃花怒放千萬朵，果實累累大又甜。這位姑娘要出嫁，早生貴子後嗣旺。桃花怒放千萬朵，綠葉茂盛隨風展。這位姑娘要出嫁，夫家康樂又平安。」

問題在於，為甚麼要用「桃」來形容女子出嫁？世上有這麼多的果子，為甚麼偏偏要挑桃子呢？

我認為，詩中的「桃」不是指「桃花」，而是指「桃子」。這原因很簡單：桃子的外型像極了女子的陰部，換言之，這是有性意含，女子嫁進男家，也即是桃子進入了男方的家門。

「蕡」字是「大麻籽」，前人把詩中這字解作：「果實多而大」。我在這裏只補充一點，就是現代人形容陰阜，也即是为耻骨聯合前面隆起的外陰部分，在陰唇之上，呈丘狀，由皮膚及厚厚的脂肪層所構成，也常用上「賁起」來作形容。

至於「其葉蓁蓁」意即「很多桃葉」，我把這解作「很多陰毛」，也應沒有問題。

我這解法，至少可以解到，為何用「桃」來形容女子出嫁。如果是胡亂找一種生果來形容，那麼，其文學性也就大減了。這好比《詩經・采薇》用「楊柳依依」來形容「不捨」，原因是垂下來的楊柳「依」拂在人的身上，好像捨不得他離去，絕對不會亂找一種植物來作比喻，這就會大大的減低了其文學性。

攸

1. 性交

「攸」字可解作「流水」，例如《說文》說：「**作攸，行水也。**」也有解作「居所」，例如《爾雅・釋言》說：「**攸，所也。**」不過，「居所」這解法我不大贊同。我的看法是，它應解作「性交」，即像「流水般的關係」。

《易經・坤卦》說：「**元亨，利牝馬之貞。君子有攸往，先迷後得主，利。西南得朋，東北喪朋。安貞，吉。**」

所謂的「牝」，即是「女性性器官」，「牝馬」就是「母馬」。「君子有攸往，先迷後得主」的意思，多半是指「貴族男子想找一夜情，初時找不到，後來終於找到了。」

我認為以上對「君子有攸往」的解法，相比前人所解的「男人想找到家」，我的解法比是切合得多。

2. 韓父

《詩經・大雅・韓奕》講述周宣王時期年輕的韓侯入朝受封、覲見、迎親、歸國和歸國後的活動。其中一段講述把女兒嫁給韓侯的「蹶父」的狀況：「**蹶父孔武、靡國不到。為韓姞相**

攸，莫如韓樂。孔樂韓土、川澤訏訏、魴鱮甫甫、麀鹿噳噳、有熊有羆、有貓有虎。慶既令居、韓姞燕譽。」

以前的人把「為韓姞相攸、莫如韓樂」解作「把女兒嫁給韓侯，實在太開心了。」但這解釋不到為何要加上前文「蹶父孔武，靡國不到。」

因此愚見認為，這段應解作「蹶父很精壯，到過很多地方遊歷，但還是覺得和韓國女人性交是最棒棒的。」

至於最後一句，「慶既令居、韓姞燕譽」，則是「在韓國居住實在太開心，韓國妹子實在太令人歡暢了。」

3.子矜

《詩經‧鄭風‧子衿》的文句是：

「青青子衿，悠悠我心。縱我不往，子寧不嗣音？青青子佩，悠悠我思。縱我不往，子寧不來？挑兮達兮，在城闕兮。一日不見，如三月兮。」

《百度百科》就此的譯文是：

「青青的是你的衣領，悠悠的是我的心境。縱然我不曾去會你，難道你就此斷音信？青青的是你的佩帶，悠悠的是我的思緒。縱然我不曾去會你，難道你不能主動來？來來往往張眼望啊，在這高高城樓上啊。一天不見你的面啊，好像已有三月長啊！」

「青青」的意思是「綠色」，這個相信不用解釋了。問題是，「悠悠」究竟是甚麼呢？從來沒有人解釋過。

《子矜》是《鄭風》的其中一首，而《鄭風》是有名的淫詩集中地，《論語・衛靈公》記述了孔子對鄭國詩歌的看法：「行夏之時，乘殷之輅，服周之冕，樂則韶舞。放鄭聲，遠佞人。鄭聲淫，佞人殆。」

對照上文，「悠悠」應解作「意圖與心慕的異性交合」。因此，「悠悠我心」應解作「我的心很想與愛人交合」。而這兩人並非合法夫妻關係，因而才用上了「悠」字。

因此，全詩的白話應解作：

「青青的是你的衣領，我心中很想與你交合呢！縱然我不曾去會你，難道你就此斷音信？青青的是你的佩帶，我總是想著同你交合。縱然我不曾去會你，難道你不能主動來？來來往往張眼望啊，在這高高城樓上啊。一天不見你的面啊，好像已有三月長啊！」

4. 遊 • 漢廣

有意思的是，「攸」和「游」均有「在水中流動」的意思，而讀音也完全相同。在日文，「遊女」有「妓女」的意思。

「遊女」應出自《詩・周南・漢廣》：「**南有喬木，不可休息。漢有游女，不可求思。漢之廣矣，不可泳思。江之永矣，不可方思。翹翹錯薪，言刈其楚；之子于歸，言秣其馬。漢之廣矣，不可泳思；江之永矣，不可方思。翹翹錯薪，言刈其蔞；之子于歸，言秣其駒。漢之廣矣，不可泳思；江之永矣，不可方思。**」

通常的語譯是：「南山喬木大又高，樹下不可歇陰涼。漢江之上有遊女，想去追求不可能。漢江滔滔寬又廣，想要渡過不可能。江水悠悠長又長，乘筏渡過不可能。柴草叢叢錯雜生，用刀割取那荊條。姑娘就要出嫁了，趕快餵飽她的馬。漢江滔滔寬又廣，想要渡過不可能。江水悠悠長又長，乘筏渡過不可能。柴草叢叢錯雜生，用刀割取那蔞蒿。姑娘就要出嫁了，趕快餵飽小馬駒。漢江滔滔寬又廣，想要渡過不可能。江水悠悠長又長，乘筏渡過不可能。」

這是一首樵夫愛上女人而求之不得的故事。「楚」是「粗大的荊柴」，「蔞」是「長得高的草」，兩者指的是這女人是眾女中最美麗的那一位。

有說「游女」指的是「漢江女神」，也有說它指的是「出遊的淑女」，我不排除這些說法，不過補充一句，在當時，淑女出遊的機會率不高，而作為低下階層的樵夫，恐怕也高攀不起貴族淑女。從後世的流行故事去對照，例如《賣油郎獨佔花魁》，低下階層愛上名妓是很常見的橋段，而有資格愛上名媛的，至低限度也是窮書生。

補充一句，船上有妓女，是從古以來常見的勾當。《百度百科》有說：

「船妓是舊時社會民俗現象，妓家以船為居室，飾妻女待客，持為生計，因稱船妓。其舟多為畫舫，因而又稱“花船”。明代時，以南京秦淮兩岸的畫舫最盛，六朝時已然。其次是蘇州，俗尚豪華，賓遊絡繹，畫舫笙歌，四時不絕。此外，浙東

“江山船”也屬船妓範疇。」

《百度百科》還有「花艇」條：

「花艇是指一種養有藝妓以娛樂賓客的船艇。船艙較為寬敞，可供歌舞，為當時珠江荔枝灣的特色。艇仔粥是一種以螺肉、花生、芋頭等製成的頗有風味的粥品，由小艇劃到江面或江邊叫賣而得名。」

現在說「方」字」，《說文解字》說：「併船也。象兩舟省總頭形。」換言之，是「我的船開到你的船旁」，即是「我可以上你的船了」。

「之子于歸，言秣其駒」的字面是「想娶得女人，便要餵她的馬匹」，暗喻「要想佔得花魁，必須付出很高的代價」。有趣的是，第二句是「言秣其駒」，「駒」即是「幼馬」，這很可能是說這位花魁還有子女。

所以，《詩經・周南・漢廣》的主題應為「樵夫愛上妓女」，而非「樵夫愛上名媛」，其白話文語譯應是：

「南方有一株高大的喬木，卻無法在樹下休息。漢江有一位名妓，我很想她卻無法得到她。漢江太闊了，不可以游泳去找她。漢江太長了，我想併船也做不到。在一堆柴木當中，我想割去最粗大的一條。在芸芸妓女當中，我想得到最美的那一位，可是卻要餵飽她的馬，代價太高昂了。漢江太闊了，不可以游泳去找她。漢江太長了，我想併船也做不到。在一堆柴草當中，我想割去最長的一條。在芸芸妓女當中，我想得到最美的那一位，可是還要餵飽她的幼馬，代價太高昂了。漢江太闊了，不可以游泳去找她。漢江太長了，我想併船也做不到。」

5. 塗山女

《大戴禮記》說：「**禹娶於塗山氏之子，謂之『女憍氏』，產啟。**」《帝王世紀》的說法是：「禹始納塗山氏女，曰『女媧』，合婚於台桑，有白狐九尾之瑞，到至是為『攸女』。」《連山易經》則說：「禹娶塗山之子，名曰『攸女』，生啓是也。」

古人把「攸」解作「居所」，推論下去，「攸女」就是「想找到家的女人」，意即「塗山女想找到歸宿，因而找上了大禹」。我的看法則是：塗山女和禹只是霧水情緣，因而稱為「攸女」。

6. 攸關

「攸關」是一個常用詞，解作「極度重要的聯繫」，或「極度重要的關係」。如果我們依照上述的解釋，則這詞字面解作「和男女關係有關的事情」，或「和性有關的事情」，這當然可以引申為「極度重要」了。

姣、嫈、狡

1. 姣與嫈

「姣」這個字，解作「美麗」，是無疑義的。如宋玉的《神女賦〉》：「**夫何神女之姣麗兮，含陰陽之渥飾。**」漢朝的劉向在《說苑》說：「貌者男子之所以恭敬，婦人之所以姣好也。」

這也可以用來形容男人，如《荀子・非相》：「古者桀、紂長巨姣美，天下之傑也，筋力越勁，百人之敵也。」

這個字的另一解釋，是形容「淫亂」。小時候，這字作此解釋已是通用，反而很少用來形容「美麗」。但在八、九十年代的香港，忽然泛起了「讀古音」的熱潮，有人說這字作為「淫亂」解時，其正寫應為同音的「嫈」。

這些搞正音運動的人，只有極少數是真正的專家，大多數是無聊文人，煮字療饑，隨便在字典找出一個同音而罕用的字，穿鑿附會一番，便成一文、成一書，現在看來，不值一哂，但由於在報紙刊登了文章，也騙倒了不少人，包括也騙倒了他們自己，畢竟，以當時的知識水平，要解釋字義，不但要有很高的學識，也要花很多時間，符合這兩要素，成本很高。

我並非比他們更高明，只是在互聯網的世代，找資料太容易，有此工具，因而有本錢很容易的找出字義真相。

「鱟」又稱為「馬蹄蟹」，屬於劍尾目的海生節肢動物，最特別的是其血液是藍色。鱟在海鮮餐廳有供應，不過價錢不便宜，也不算好吃。它的雌性的體型比較雄性的小，一旦交合，形影不離，有「海底鴛鴦」之稱。這行為被穿鑿文人附會為「淫亂」，但這顯然和其專一行為扯不上邊。

南朝的學者顧野王的《玉篇・女部》說：「**姣，淫也。**」《左傳・襄公九年》說：「棄位而姣，不可謂『貞』。」魏晉時期的杜預對此的注是：「姣，淫之別名。」

由此證之，「姣」指的就是「淫亂」，是翻不了的鐵案。

2. 山有扶蘇

《詩經・山有扶蘇》的原文是：**「山有扶蘇、隰有荷華。不見子都、乃見狂且。山有橋松，隰有游龍。不見子充，乃見狡童。」**

《百度百科》的語譯是：「山上有茂盛的扶蘇，池裡有美豔的荷花。沒見到子都美男子啊，偏遇見你這個小狂徒。山上有挺拔的青松，池裡有叢生的水葒。沒見到子充好男兒啊，偏遇見你這個小狡童。」

「子都」是有名的美男子，《孟子・告子》說：「至於子都，天下莫不知其姣也。」至於「子充」，《毛詩詁訓傳》說：「子充，良人也。」

問題在於，「狡童」究竟是甚麼意思呢？這首詩和「狡詐」，可扯不上關係呀！

我的看法是，這個「狡」字，應解作「姣」，也即是「好色的少年」，廣東話的「咸濕仔」也。

「扶蘇」指的是「桑樹」。「隰」的意思是「低窪的濕地」，與「山」相對。

《爾雅・釋地》說：「下濕曰『隰』。」李善的注是：「謂土地窊下常阻洳，名為『隰』也。又，可食者曰「原」，陂者曰『阪』，下者曰『隰』。」《公羊傳・昭西元年》也說：「上平曰『原』，下平曰『隰』。」

「山有X，隰有Y」是《詩經》常用的模式，如《邶風・簡兮》中有：「山有榛，隰有苓」，《唐風・山有樞》中有「山有樞，隰有榆」、「山有栲，隰有杻」、山有漆，隰有栗」等。

這詩的「遊龍」指的是「葒草」。宋朝的文學家朱弁在《曲洧舊聞》卷四說：「紅蓼即《詩》所謂游龍也，俗呼水紅。」明朝的李時珍在《本草綱目・草五・葒草》引陳藏器曰：「天蓼即水葒，一名『游龍』，一名『大蓼』。」

這又叫「紅蓼」，「狗尾巴草」，葉片寬卵形或卵形，全緣，兩面疏生長毛，裏面無毛。

看到這裏，這首詩的隱藏的性暗示也就昭然若揭了。我且語譯如下：

「山上有一根桑樹，山下有濕的荷花。這裏沒有子都般的美男子，只有一個好色的少年。山上有根粗壯的松樹，山下有濕的葒草。這裏沒有子充般的優秀男人，只有一個好色少年。」

3. 彼狡童兮

《詩經・鄭風・狡童》的原文是：**「彼狡童兮，不與我言兮。維子之故、使我不能餐兮。彼狡童兮，不與我食兮。維子之故、使我不能息兮。」**

《百度百科》的語譯是：「那個美貌的小哥哥啊，不願和我再說話啊。為了你這個小冤家，害得我飯也吃不下啊。那個美貌的小哥哥啊，不願和我同吃飯啊。為了你這個小冤家，害得我覺也睡不安啊。」

這裏的「狡」字，則的確有可能解作「俊俏」，但如要解作「好色」，也並非解不通，只須把上詩解作兩人沒天沒夜地性行為，甚至沒有說話、吃飯、睡覺，也無不可……雖然，我也覺得這解法有點穿鑿。

孟姜女

1. 高質素女人

上篇說了「孟姜」。「孟」指的是「庶出的長子」，有別於嫡長子稱為「伯」。同時，嫡長女或庶長女也稱為「孟」。

「孟」字的甲骨文是這樣的：

這是把小孩烹熟的象形。古時物資缺乏，烹熟兒子後不會浪費，必然吃掉。這是不少地方的習俗。

《墨子・魯問》說：「**楚之南有啖人之國者橋，其國之長子生，則鮮而食之，謂之『宜弟』。美則以遺其君，君喜則賞其父。**」《列子・湯問》也說：「越之東有輒木之國，其長子生，則鮮而食之，謂之宜弟。」

這習俗應是來自男人生怕女人生的第一個兒子不是自己的親生骨肉，但在「長子承繼制」下，如要把位子由他承繼，恐怕不穩當，因此還是殺掉比較安全。

至於「姜」，是齊國的國姓，齊國不但是第一大國，而且文化水平鼎盛，因此，「孟姜」不一定來自齊國，也是高質素女子的別稱。

2. 桑中

《詩經・鄘風・桑中》的原文是：**「爰採唐矣？沬之鄉矣。云誰之思？美孟姜矣。期我乎桑中，要我乎上宮，送我乎淇之上矣。爰採麥矣？沬之北矣。云誰之思？美孟弋矣。期我乎桑中，要我乎上宮，送我乎淇之上矣。爰採葑矣？沬之東矣。云誰之思？美孟庸矣。期我乎桑中，要我乎上宮，送我乎淇之上矣。」**

《百度百科》的語譯是：「採摘女蘿在何方？就在衛國沬邑鄉。思念之人又是誰？美麗動人是孟姜。約我來到桑林中，邀我歡會祠廟上，送我告別淇水旁。採摘麥子在哪裏？就在沬邑北邊地。思念之人又是誰？美麗動人是孟弋。約我來到桑林中，邀我歡會祠廟上，送我告別淇水旁。採摘蕪菁哪邊壟？就在衛國沬邑東。思念之人又是誰？美麗動人是孟庸。約我來到桑林中，邀我歡會祠廟上，送我告別淇水旁。」

這裏稍作解釋：「唐」、「麥」、「葑」分別指菟絲子、麥子、茭白根，其實是喻主人翁拈花惹草，而不是和採摘者（低下階層）談情。事實上，三位女主角都是貴族女子，一個是姜家，一個是弋家，一個是鄘家，因此才會在宮殿和他相會。這男子對於一腳踏三船之事，顯然是得意洋洋。

3. 孟姜女

早在明末清初，學者顧炎武在《日知錄》中，已把「孟姜女哭崩長城」的故事演變說了一個清楚，我不用就此作出研究，照抄就成。

西元前550年，齊國武將杞梁戰死，其妻子要求齊後莊在祖宗祠堂祭祀他。《左傳・襄公二十三年》記載了此事：

齊侯歸，遇杞梁之妻於郊，使吊之。辭曰：「殖之有罪，何辱命焉？若免於罪，猶有先人之敝廬在，下妾不得與郊吊。」齊侯吊諸其室。

《禮記・檀弓》也有差不多的記載：「杞梁死焉，其妻迎其柩於路，而哭之哀」

這故事既沒有「孟姜女」，也沒有「哭」和「長城」。

東漢學者劉向在《說苑・善說篇》加上「哭」和「長城」的內容：「昔華周、杞梁戰而死，其妻悲之，向城而哭，隅為之崩，城為之阤。」

其後劉向又在其《列女傳》中，加了「投水」的情節：「杞梁之妻無子，內外皆無五屬之親。既無所歸，乃就其夫之屍於城下而哭之，內誠動人，道路過者，莫不為之揮涕，十日而城為之崩。」「乃枕其夫屍於城下而哭之，內誠感人，道路過者莫不為之揮涕。十日城為之崩。既葬，曰：『我何歸矣？……亦死而已，遂赴淄水而死。」

唐代的貫休和尚寫了《杞梁妻》，大致上完成了這故事的創作：「秦之無道兮四海枯，築長城兮遮北胡。築人築土一萬里，杞梁貞婦啼嗚嗚。上無父兮中無夫，下無子兮孤復孤。一號城崩塞色苦，再號杞梁骨出土。疲魂飢魄相逐歸，陌上少年莫相非。」

後來，漸漸地，「杞梁」加了姓「萬」，其妻子也有了名字，叫「孟姜女」，想來因為「孟姜」代表了高質素女人，但又恐怕當時的人非但不知「孟姜」是甚麼，連這是男是女也不知道，因此加上了「女」字。此外，貫休和尚俗家姓「姜」，不知和此有無關係。

在元朝，孟姜女的故事，被搬上舞台，成為了家傳戶曉的戲劇本子。

詩經的性暗喻與粗口字的來源

作　　者：周顯

出　　版：真源有限公司

地　　址： 香港柴灣豐業街 12 號啟力工業中心 A 座 19 樓 9 室

電　　話：（八五二）三六二零 三一一六

發　　行：一代匯集

地　　址：香港九龍大角咀塘尾道 64 號龍駒企業大廈 10 字樓 B 及 D 室

電　　話：（八五二）二七八三 八一零二

印　　刷：美雅印刷製本有限公司

初　　版：二零二五年二月

如有破損或裝訂錯誤，請寄回本社更換。

© 2025 REAL ROOT LIMITED

PRINTED IN HONG KONG

ISBN：978-988-70897-1-1